COLLECTION
FOLIO CLASSIQUE

Molière

Le Misanthrope

Édition présentée, établie et annotée
par Jacques Chupeau

Maître de conférences
à l'Université de Tours

Gallimard

PRÉFACE

« *Pour que tous les spectateurs prennent leur plaisir à
la Comédie* », observait Jacques Copeau, « *pour qu'ils
rient aux bons endroits, et aux mêmes endroits, il faut
qu'ils soient tous d'accord, sans avoir à se consulter, sur
ce qui est ridicule, et par conséquent comique. [...] Il y a
des ridicules tant qu'il y a des convenances. Il y a une comédie, tant que ces convenances autorisent un jugement
sur le monde*[1] ». Mais cette « raison » du comique, au fil
du temps, peut perdre de sa netteté quand les convenances
qui déterminaient les frontières du ridicule cessent de faire
l'unanimité. Tel est le cas du Misanthrope. Si, plus encore
que L'Avare ou George Dandin, la comédie de « l'atrabilaire amoureux » a souvent pris, depuis le siècle dernier,
les couleurs du drame, c'est bien que le pacte initial sur
lequel se fondait l'adhésion du public s'est modifié. Aussi
importe-t-il, à plus de trois siècles de distance, de dégager
la pièce de la gangue des commentaires qui ont accompa-

1. J. Copeau, « L'invitation au poète comique », 2 novembre
1928 ; *Registres 1, Appels*, Gallimard, 1974, p. 189.

gné ses avatars scéniques pour tenter de ressaisir le sys-
tème de valeurs qui sous-tendait, dans un spectacle destiné
à divertir et à instruire, la cohérence du comique et sa
portée.

Le Misanthrope et la tradition morale

Fleur de culture, la comédie du Misanthrope *prolonge
une longue réflexion morale qui a contribué à former le
regard critique que Molière et ses contemporains ont porté
sur l'homme, la société mondaine et les mœurs du temps.
Le seul nom de « Misanthrope » évoque la figure singulière
et quasi monstrueuse du philosophe grec Timon d'Athènes,
dont Plutarque (*Vie d'Antoine, 69-70*) et Lucien (*Timon,
ou le Misanthrope*) avaient fixé les traits. Shakespeare,
dans les premières années du XVII*e* siècle, avait fait revivre
cette image farouche du « haïsseur des hommes » (Montaigne), que l'ingratitude de ses amis avait transformé en cen-
seur implacable et amer d'une humanité corrompue. En
prenant le visage moins cynique d'un jeune gentilhomme
trop épris de sincérité et de justice pour n'être pas blessé
par les mensonges mondains, le Misanthrope de Molière
s'humanise, s'enrichit de contradictions intimes et porte la
contestation au cœur même d'une société qu'il condamne,
mais qu'il n'a pas encore fuie. Ce faisant, le procès des
hommes pervertis s'accompagne d'une interrogation sur la
légitimité d'une censure dont la rigueur n'apparaît pas
moins déraisonnable que les vices qu'elle dénonce, dès lors
qu'elle a perdu le sens de la juste mesure.*
Relayées par Érasme, Montaigne et Charron, les leçons

*de la sagesse antique et de la morale chrétienne s'unissent
pour rappeler que la vertu peut être gâtée par l'excès.
« Nous pouvons saisir la vertu de façon qu'elle en devien-
dra vicieuse », écrit Montaigne au début de son essai « De
la modération » (I, 30), « si nous l'embrassons d'un désir
trop âpre et violent ». Les maximes de Philinte dans la
scène d'ouverture du* Misanthrope *se situent dans le droit
fil d'une sagesse humaniste qui entend se placer raisonnablement à hauteur d'homme, comme le souhaitaient Platon
et Horace, sans sortir des bornes de la nature, une sagesse
qui s'accorde aussi avec l'exigence chrétienne de mesure
et d'humilité formulée par saint Paul dans son* Épître aux
Romains *(XII, 3), dont la version française fournie par
Montaigne (« Ne soyez pas plus sages qu'il ne faut, mais
soyez sobrement sages ») a trouvé un écho direct chez Molière (v. 151-152).*

*Soucieux d'éclairer les voies d'un art de vivre où régne-
raient l'élégance, l'agrément et l'harmonie, moralistes et
théoriciens de la civilité au XVIIe siècle n'ont pas manqué
de prendre des distances par rapport aux expressions trop
maussades de la sagesse. Montaigne, une fois encore, avait
tracé le chemin en marquant sa défiance vis-à-vis des esprits chagrins. « J'aime une sagesse gaie et civile », écrit
l'auteur des* Essais*, « et fuis l'âpreté des mœurs et l'austérité, ayant pour suspecte toute mine rébarbative. [...] Je
hais un esprit hargneux et triste qui glisse par-dessus les
plaisirs de sa vie et s'empoigne et paît aux malheurs » (III,
5, « Sur des vers de Virgile »). Ennemi de la « complexion
solitaire et mélancolique » (I, 26), Montaigne entend rendre à la sagesse un visage avenant, et le rire de Démocrite,
face aux défauts des hommes, lui semble préférable à l'af-*

fliction d'Héraclite. Préférable aussi à l'indignation, dont Sénèque redoutait les excès. Comme l'auteur du De Ira, *Montaigne invite à résister aux élans de la colère, laquelle, loin d'être cet éperon de la vertu qu'y reconnaissait Aristote (*Éthique à Nicomaque, III, 7*), apparaît comme une passion dangereuse, « qui ébranle [...] la sincérité des jugements » (*Essais, II, 31*). Sénèque et Montaigne parlent ici d'une même voix pour inciter le sage à s'accommoder à la folie du monde, puisque nul ne peut raisonnablement prétendre y échapper.*

Philinte a hérité de la distance philosophique prônée par l'auteur des Essais. *Il a appris à son école à surmonter l'irritation, « car c'est toujours une aigreur tyrannique de ne pouvoir souffrir une forme diverse à la sienne » (III, 8), à ne pas « s'émouvoir et piquer des fadaises du monde » et à laisser les choses aller leur train. Nul mieux que Montaigne encore ne nous aide à comprendre l'erreur d'Alceste (mais n'est-ce pas « la plus universelle et commune erreur des hommes » ?) qui consiste à condamner autrui avec chaleur sans jamais s'examiner ni se soumettre à cette « interne juridiction » qui devrait éclairer chacun sur ses propres faiblesses. S'estimer trop et n'estimer pas assez autrui sont les deux faces d'un même défaut, la* présomption *(II, 17) : au contraire de Philinte, Alceste n'a pas su se prémunir contre ce mal.*

La sagesse des Essais *a trouvé, chez les moralistes du* XVIIe *siècle, des échos nombreux et convergents. Tous s'accordent pour considérer, avec Pierre Charron, que celui qui ne sait « tordre » ses propres inclinations pour s'accommoder à autrui est une âme chagrine, partiale et trop amoureuse de soi (*De la sagesse, II, 9*) ; pour estimer*

aussi, avec l'auteur du Tableau des passions humaines[1],
*Nicolas Coëffeteau, qu'il est du devoir du sage de discipliner ses passions en les soumettant au « frein de la raison »
et de cultiver dans le monde les qualités qui rendent une
personne aimable.*

*L'opiniâtre, qui confond la force de l'esprit et l'inflexibilité, est condamné avec une égale fermeté par le philosophe
sceptique La Mothe Le Vayer, qui décèle dans l'attachement passionné des esprits dogmatiques à leurs opinions
l'effet de l'amour-propre, « cet amour de nous-même et de
tout ce qui vient de nous[2] ». Conscient de la diversité des
jugements et de la relativité des points de vue, le sage sait
se plier à l'usage et à la coutume et, suivant la recommandation d'Épictète, il s'accommode avec douceur avec ceux
qui ont une opinion différente de la sienne. Cette souplesse
dans les échanges humains est le propre des esprits supérieurs, semblables à cet égard aux métaux « dont le plus
noble est le plus flexible de tous », alors que les personnes
incapables de ployer « ont des âmes ferrées, d'autant plus
viles qu'elles sont d'une invincible dureté[3] ». Molière, qui
estimait La Mothe Le Vayer et qui possédait ses Œuvres, a
prêté à Philinte un « flegme philosophe » dont on peut penser qu'il s'inspire, en profondeur, de cette vertu supérieure
de la morale sceptique, « cette belle indifférence, cette souplesse d'esprit, laquelle, nous rendant commodes et socia-*

1. Publié pour la première fois en 1619, ce traité de Coëffeteau,
maintes fois réédité, a connu une large diffusion. Nous utilisons
l'édition « revue et augmentée » de 1629, p. 62 et p. 122-123.
2. La Mothe Le Vayer, *Dialogue sur l'opiniâtreté*, 1631 ; éd.
Ernest Tisserand, 1922, p. 176.
3. *Ibid.*, p. 177.

bles partout, nous donne encore une assiette reposée, en laquelle consiste la souveraine félicité [1] ».

Qu'elle se fonde sur un idéal de mesure et d'équilibre issu de la sagesse antique ou qu'elle traduise la vertu chrétienne de douceur et de « débonnaireté » exaltée par François de Sales [2]*, l'affabilité s'impose comme une exigence de la vie sociale et bannit du commerce du monde les mouvements d'humeur intempestifs et les affirmations brutales d'un amour-propre incontrôlé. Du plus célèbre des manuels de civilité du* XVIIe *siècle,* L'Honnête Homme, ou l'Art de plaire à la cour *(1630) de Nicolas Faret, aux* Discours *du chevalier de Méré sur les agréments, l'esprit et la conversation (1677), aux* Conversations *de Madeleine de Scudéry (1680-1692) ou au traité de Vaumotrière sur* L'Art de plaire dans la conversation *(1688), les théoriciens de la politesse ont joint leurs efforts aux réflexions des moralistes — au premier rang desquels La Rochefoucauld, dont les* Réflexions ou Sentences et Maximes morales *voient le jour en France en 1665, un an avant* Le Misanthrope —*, en vue de préciser les qualités de cet idéal mondain d'élégance, d'agrément et d'urbanité que résume la notion d'honnêteté.*

Celle-ci, qui se définit dans son principe comme la recherche d'une relation harmonieuse entre les hommes, implique un ménagement mutuel des aspirations égoïstes, ce que Damien Mitton appelle d'une formule heureuse « l'amour-propre bien réglé [3] ». *Aussi l'honnête homme,*

---

1. *Ibid.*, p. 182.
2. Voir l'*Introduction à la vie dévote*, 3e partie, chap. VIII : « De la douceur envers le prochain et remède contre l'ire. »
3. *Moralistes du* XVIIe *siècle*, éd. établie sous la direction de Jean Lafond, Robert Laffont, coll. « Bouquins », p. 85.

s'il remarque les défauts d'autrui avec lucidité, se garde-t-il de les dénoncer ; attentif à ne pas heurter autrui, il « ne dit et ne fait rien qui ne soit agréable, juste, raisonnable, et qui ne tende à faire que tous les hommes soient heureux [1] *» ; il pratique avec aisance cet art de plaire en société dont le chevalier de Méré, dans son discours* Les Agréments, *a rappelé les principes : observer les bienséances du monde, n'être incommode à personne et se garder de ce mélange désagréable de colère et de tristesse que l'on nomme* chagrin, *tant il est vrai que si « la joie honnête et spirituelle se fait aimer », en revanche, « l'humeur âpre et grondeuse est en aversion* [2] *».*

Cet effort de toute une civilisation mondaine pour polir les rapports humains et créer les conditions du bonheur en société invite à faire régner dans les compagnies, comme l'écrit Vaumorière, « un esprit de gaieté et de politesse » ; sans aller jusqu'à recommander le mensonge ou la flatterie, il donne à la sincérité des bornes et pousse à faire preuve de cette juste complaisance qui fait l'agrément et la douceur de la société ; il requiert enfin de combattre toutes les inclinations qui pourraient nuire à l'harmonie des commerces mondains.

La mélancolie d'Alceste, sur ce plan, mérite attention. Non qu'elle constitue, en elle-même, un signe mauvais : une mélancolie pondérée comme celle que dévoile La Rochefoucauld dans son autoportrait est marque de sérieux, de profondeur, de supériorité intellectuelle et de grandeur d'âme ; encore faut-il qu'elle soit suffisamment tempérée pour ne pas conduire aux graves déséquilibres qui peuvent

1. Damien Mitton, *ibid.*, p. 86.
2. Méré, *Œuvres complètes*, éd. Ch.-H. Boudhors, t. II, p. 49.

naître d'une concentration excessive de la bile noire. Nombreuses et précises, les références à la mélancolie d'Alceste (« échauffer la bile », v. 90 ; « humeur noire », v. 91 ; « noirs accès », v. 98 ; « trop de bile s'assemble », v. 449 ; « mon noir chagrin », v. 1584) ont valeur de diagnostic : pour Philinte, ces symptômes désignent une « maladie » (v. 105) qui menace l'équilibre mental et porte l'atrabilaire sur les lisières de la folie. Plus question de considérer la mélancolie comme une force positive poussant les êtres d'exception à donner la pleine mesure de leur capacité. Cette association de la mélancolie et du génie, affirmée dans le Problème XXX *attribué à Aristote[1], avait trouvé un prolongement intéressant dans un passage des* Nuits attiques *d'Aulu-Gelle, où l'humeur mélancolique s'interprète comme une disposition héroïque, étrangère aux esprits médiocres et vulgaires, qui porte les âmes d'élite à soutenir la vérité avec énergie, au mépris des convenances et de la mesure[2]. Cette singularité héroïque, à l'époque du* Misanthrope, *a changé de visage : loin d'apparaître comme l'aiguillon de la grandeur d'âme, la mélancolie incontrôlée dessine une pente dangereuse conduisant à l'extravagance et à la bizarrerie, autrement dit à la déraison, celui qui se laisse gagner par l'amertume. La Mothe Le Vayer, dans sa* Prose chagrine (1661), *appelait à réagir contre les poisons de la morosité : pour ne pas avoir entendu cette mise en garde, Alceste s'égare et s'expose à la réprobation. S'il possède suffisamment de belles qualités pour inspirer des*

---

1. Voir la traduction présentée par Jackie Pigeaud sous le titre *L'Homme de génie et la Mélancolie*, Rivages poche, 1988.
2. Aulu-Gelle, *Nuits attiques*, XVIII, 7, 4 ; cité d'après R. Klibansky, *Saturne et la Mélancolie*, p. 91, n. 100.

sentiments d'estime, d'amitié et de tendresse, l'humeur mélancolique qui le domine révèle une faiblesse de la volonté
que la morale de l'honnêteté condamne. Au lieu de lutter,
comme l'y invite Philinte, contre cette maladie de l'âme
qui le voue à la solitude et au « noir chagrin », il cède à
la tyrannie de l'humeur. Au regard de toute une époque
qui reconnaît dans la mélancolie une menace qu'il convient
de combattre avec énergie, cette conduite est perçue
comme une faute et fait du Misanthrope l'artisan de son
propre malheur. Par là, le personnage échappe à la sphère
de la fatalité tragique où le romantisme aimera à le situer
pour rejoindre la grande famille comique des « imaginai-
res », enfermés dans une illusion qui les coupe du réel et
les condamne à la solitude et à l'échec. À l'aune de l'honnêteté, qui trace les contours moraux de la comédie et
guide l'appréciation du public, le « chagrin » d'Alceste apparaît plus déraisonnable que réellement « philosophe »,
fût-il l'expression d'une haute exigence de sincérité et de
vertu.

   On touche ici à un autre aspect de la pensée humaniste,
dont l'âge classique a recueilli et approfondi l'héritage.
Sous le regard lucide du sage, le monde apparaît irrémédiablement coupé de la sagesse et ressemble à une comédie
des apparences où chacun, selon son rang et son humeur,
joue le rôle que lui dicte son ambition, sa vanité ou son
intérêt : à chacun sa marotte. Mais reconnaître avec lucidité le règne du mensonge ne doit pas conduire à mécon-
naître le prix d'une illusion qui fonde l'harmonie sociale.
Mal avisé celui qui, au théâtre, se risquerait à arracher le
masque des acteurs : il troublerait la pièce et mériterait
d'être chassé. De même, le prétendu sage qui se hasarde-

*rait à révéler le vrai visage des hommes passerait pour un
fou furieux :* « Comme il est d'une suprême sottise d'expri-
mer une vérité intempestive », *écrit Érasme dans son* Éloge
de la folie, « il est de la dernière maladresse d'être sage à
contretemps. Il agit à contretemps celui qui ne sait s'accommoder des choses telles qu'elles sont, qui n'obéit pas
aux usages, qui oublie cette loi des banquets : "Bois ou
va-t'en !" et qui demande que la comédie ne soit pas une
comédie* [1] ».

Philinte, *qui admet la nécessité de s'accommoder de la
folie des hommes et de plier aux* « communs usages »
*(v. 154), a assimilé les leçons de la sagesse humaniste.
Comme Érasme et Montaigne, il sait que le vrai bon sens
invite à reconnaître les limites de l'humaine condition et,
homme parmi les hommes, à se soumettre à* « l'avis de la
multitude » *en jouant le mieux possible son rôle dans la
comédie de la vie. Cette exigence de soumission au réel
a trouvé une première traduction, chez Molière, dans les
maximes qu'Ariste oppose à son frère Sganarelle dans la
scène d'ouverture de* L'École des maris :

Toujours au plus grand nombre on doit s'accommoder,
Et jamais il ne faut se faire regarder *(v. 41-42).*

*Dans toutes les choses de la vie — conduite, vêtement,
langage —, la singularité expose au ridicule, et la raison
invite à considérer comme une faute*

---

1. Érasme, *Éloge de la folie*, traduction par P. de Nolhac, Gar-
nier-Flammarion, chap. XXIX, p. 37. Sur ce rapprochement, voir
G. Defaux, « Alceste et les rieurs » (*R.H.L.F.*, 1974) et *Molière
ou les métamorphoses du comique*, seconde partie, chap. II.

De fuir obstinément ce que suit tout le monde *(v. 52).*

Loin du plat conformisme auquel on a parfois prétendu la réduire, cette attitude puise sa justification philosophique dans la conscience lucide de l'irréductible distance qui sépare l'humanité de la vertu : sagesse sans illusions, qui s'incline devant le fait plutôt que de poursuivre une pureté illusoire, et pour tout dire inhumaine. Dans une formule apparemment paradoxale, Pascal a résumé cette sagesse mondaine qui reconnaît les limites de la morale : « Les hommes sont si nécessairement fous que ce serait être fou par un autre tour de folie de n'être pas fou[1]. » De manière plus lapidaire, La Rochefoucauld va dans le même sens quand il écrit, dans la maxime 231, que « c'est une grande folie que de vouloir être sage tout seul ». Cette conviction est celle d'Ariste, qui estime que la sagesse commande de suivre le train du monde,

Et qu'il vaut mieux souffrir d'être au nombre des fous
Que du sage parti se voir seul contre tous
                              (L'École des maris, *I, 1, v. 53-54*).

Elle s'est transmise dans Le Misanthrope *à Philinte, qui souffre avec patience les défauts des hommes, en se gardant bien d'exiger d'eux une inaccessible perfection. En faisant référence aux deux frères de* L'École des maris *dans la scène d'exposition du* Misanthrope *(v. 99-100),*

---

1. Pascal, *Pensées*, éd. Michel Le Guern, Folio, 391 ; éd. Philippe Sellier, Garnier, 31.

*Molière a souligné la continuité d'un débat moral qui fait
écho aux réflexions de ses contemporains sur les exigences
de l'honnêteté et de la sagesse.*

*Ces réflexions, comme la tradition humaniste dont elles
s'inspirent, nous aident à resituer la pièce dans la perspective qui s'imposait aux spectateurs du temps. Elles permet-
tent notamment de rendre à Philinte ce caractère
d'«homme sage et prudent»* dont l'auteur de la Lettre sur
la comédie du «Misanthrope», *Donneau de Visé*[1], louait
*la mesure exemplaire. Elles éclairent aussi les réserves que
ne pouvaient manquer de susciter les emportements et les
excès d'Alceste. Même si ses mouvements violents trouvent
des justifications plus nobles que les brusqueries de Sganarelle, sa rudesse, ses élans d'indignation et ses «chagrins» éclatants heurtaient trop les convenances pour ne
pas sembler bizarres et plus ou moins ridicules : comme
le rappelle Philinte avec une amicale mais ferme franchise
(v. 105-108), pareilles outrances exposent Alceste à la mo-
querie. Entre le Misanthrope et le public, Molière a donc
explicitement marqué une distance comique. Comique de
l'incongruité, de la maladresse et du contretemps, de la
précipitation et de l'excès. Comique aussi de l'aveuglement
et de l'inconscience chez celui qui se croit suffisamment
éloigné des faiblesses communes pour s'ériger en juge de
l'humanité. Le péché de présomption que dénonçait Montaigne est plus que jamais suspecté par une société qui a
appris à se défier, à l'école d'une religion rigoureuse, des
pièges de l'amour-propre. Si, comme l'écrit l'abbé d'Ailly,
«le dernier point de la sagesse est de connaître qu'on n'en*

---

1. Sur Jean Donneau de Visé et sa lettre-préface de 1666, voir
la notice, p. 199, n. 1.

a point [1] *», Alceste n'est sage qu'à demi. Il s'installe avec complaisance dans le rôle de juge souverain d'une humanité corrompue, sans jamais s'interroger sur lui-même, oubliant que « la plus grande partie des plaintes que l'on fait de son prochain viennent du peu de réflexion que l'on fait sur soi-même* [2] *». Manque à ce philosophe chagrin cette distance lucide par rapport à soi qu'exige l'honnêteté mondaine, cette humilité et cette charité envers le prochain sans lesquelles, au regard de la morale chrétienne, il n'est pas de vraie vertu. Le portrait de l'amour-propre que donne La Rochefoucauld à la même époque en tête de ses* Maximes *éclaire les illusions d'Alceste : champion de la lucidité, il s'aveugle sur lui-même ; héros de la sincérité, il ne se défie pas suffisamment des mensonges intérieurs. L'ambivalence du personnage, qui transparaît à la scène à travers l'estime et les remontrances qu'il suscite, transpose sur le théâtre les interrogations que soulèvent, dans la littérature morale du temps, les apparences de la vertu. Homme d'honneur, Alceste oppose aux insuffisances du monde une exigence morale rigoureuse dont l'intransigeance ne manque pas de grandeur, et les belles qualités du* Misanthrope *justifient l'amitié de Philinte et les tendres sentiments de trois femmes aussi différentes que Célimène, Arsinoé et Éliante. Mais son idéalisme sévère a des sources suspectes pour qui connaît les ruses de l'amour-propre et l'empire de l'humeur. Autant que la lecture des* Maximes, *le spectacle du* Misanthrope *permettait de déceler, dans la soif de pureté et de transparence qui habite Alceste (« Je*

1. Abbé d'Ailly, *Pensées diverses* (1678), in *Moralistes du XVIIᵉ siècle*, p. 268, M. 61.
2. *Ibid.*, p. 271, M. 86.

*veux qu'on soit sincère... »), un intense besoin d'affirma-
tion de soi, un désir de reconnaissance (« Je veux qu'on
me distingue... ») qui couvre mal la tyrannie du moi. Il invitait aussi à mesurer, dans l'âpreté de la censure des vices
humains, la part de l'humeur et de ses excès. Dans la misanthropie de Timon d'Athènes, Fénelon, dans ses* Dialo-
gues des morts, *reconnaîtra « une vertu faible, qui est mêlée d'un chagrin de tempérament*[1] *». La misanthropie
d'Alceste serait passible du même procès si Molière avait
prétendu faire œuvre dogmatique. Mais, en homme de théâtre, il s'est surtout attaché à capter dans le miroir de la
comédie l'image intense de la vie, plus soucieux de traduire les tensions et la complexité du réel que de plier la
fiction comique à l'affirmation d'une leçon.*

Un « portrait du siècle »

Fidèle aux principes énoncés dans La Critique de
l'École des femmes, *l'auteur du* Misanthrope *entend divertir le public des « honnêtes gens » en rendant « agréable-
ment sur le théâtre les défauts de tout le monde ». Des* Précieuses ridicules *aux* Fâcheux, *aux deux* Écoles *et au*
Tartuffe, *le dramaturge s'est attaché à transposer sur la
scène comique la comédie du monde, à peindre « d'après
nature » les ridicules et les tares d'une société du paraître
menacée par l'artifice, la prétention et le mensonge. Entre
la vigueur comique de la farce, qui donne à la satire du*

1. *Dialogue XVIII, Socrate, Alcibiade et Timon.* Fénelon, *Œuvres*, éd. Jacques Le Brun, Pléiade, t. I, p. 336.

réel la force de la caricature, et la peinture « naïve » des mœurs du siècle, qui rapproche la comédie de la vie quotidienne, Molière dispose d'un registre étendu, dont il aime à mêler les ressources : à preuve L'École des femmes *et* Le Tartuffe, *où la vérité de la représentation n'exclut pas la stylisation comique du trait. S'il a choisi, dans* Le Misanthrope, *de privilégier le naturel et la nuance, dans la voie ouverte quelques années plus tôt par* Les Fâcheux *(1661), c'est que la qualité des personnages, la finesse de la satire et l'acuité de l'interrogation morale appelaient une peinture délicate et élégante, dégagée des outrances burlesques et des artifices de la comédie d'intrigue. Accordé aux exigences du goût mondain, ce naturel aristocratique situe la comédie du* Misanthrope, *au regard des convenances esthétiques du temps, sur un plan supérieur et traduit la volonté affirmée par Molière dans* La Critique de l'École des femmes *de hisser la comédie au premier rang des genres dramatiques.*

Cette recherche de dignité artistique, dans Dom Garcie de Navarre *(1661), s'était fourvoyée sur les chemins indécis de la comédie héroïque. De cet échec, Molière a tiré les leçons. S'il transpose dans le rôle d'Alceste des fragments détachés du rôle de Dom Garcie, le changement de cadre en modifie l'effet : dans le salon de Célimène, le registre soutenu du Misanthrope porte la marque de l'excès et révèle, sous la noble ardeur du propos, le péril de la démesure et de l'emphase qui menace un personnage trop enclin à confondre l'esprit de sérieux avec la tentation du tragique, au sein d'une comédie qui a renoué avec la gaieté sans renoncer à la profondeur : une gaieté qui, comme le rappellera bientôt La Fontaine dans la préface de ses*

Fables *(1668), ne se confond pas avec « ce qui excite le rire », mais divertit plus subtilement les gens de goût par « un certain charme, un air agréable qu'on peut donner à toutes sortes de sujets, même les plus sérieux » ; une profondeur qui naît de la fidélité au réel et de l'observation pénétrante des mœurs contemporaines.*

Cette proximité de la comédie et de la vie est soulignée, tout au long de la pièce, par de multiples références au présent, qui invitent à reconnaître dans le spectacle présenté sur la scène le reflet vivant « du siècle » et l'image véritable des mœurs et des vices « du temps ». Ancré dans l'actualité, le jeu comique ne se borne pas à peindre les usages et les divertissements de la belle société (visites, conversations, bagatelles poétiques, portraits, billets galants). Il intègre des éléments empruntés à la réalité (le cérémonial de la cour, le tribunal des maréchaux) et tire de cette intrusion du réel dans la fiction, outre un caractère accru de vérité, des effets plaisants ou grinçants : si la référence à L'École des maris *(v. 100) ou à la* Gazette *(v. 1074) est évidemment destinée à faire sourire, la mention du « livre abominable » que la calomnie impute à Alceste (v. 1500 et suiv.) traduit très vraisemblablement la protestation indignée du dramaturge qui, si l'on en croit Grimarest, aurait eu à se défendre contre une semblable accusation.*

Il n'est pas impossible que Molière, en composant sa comédie, ait emprunté quelques traits à des figures réelles, notamment au plus sévère des courtisans, le duc de Montausier[1]. *À cette vérité née de l'observation s'allie dans* Le

1. Sur ce rapprochement qui remonte aux origines de la pièce, voir la Note sur les personnages, p. 202.

Misanthrope une vérité plus intime qui, sans jamais aller jusqu'à la confidence, donne à la création théâtrale un accent profondément personnel. Dans la préface de l'édition collective de 1682, Vivot et La Grange ont rappelé que Molière, à la cour, s'était fait apprécier par la politesse de ses manières : ce Molière « civil et honnête, [...] s'accommodant à l'humeur de ceux avec qui il était obligé de vivre, [...] en un mot, possédant et exerçant toutes les qualités d'un parfait honnête homme », ressemble beaucoup à Philinte. Mais il est un autre Molière qui fait songer à Alceste : « rêveur et mélancolique », irritable, tourmenté par la jalousie. En concevant le Misanthrope, Molière s'est efforcé de conjurer cette pente au chagrin que la maladie, les difficultés professionnelles et les dissensions conjugales ont accentuée. À défaut d'être d'une incontestable authenticité, la relation par Grimarest d'une confidence que Molière aurait faite à ses amis, Rohaut et Mignard, sur l'échec de son mariage traduit une lucidité amère qui a quelque chance d'être juste : l'incompatibilité d'humeur qui sépare irrémédiablement Alceste et Célimène sur la scène porte témoignage d'une intelligence sans illusions des caractères qui s'est formée à l'école de la vie. Si, comme l'affirment les auteurs de la préface de 1682, Molière a joué tout le monde dans ses comédies, « puisqu'il s'y est joué le premier en plusieurs endroits sur des affaires de sa famille et qui regardaient ce qui se passait dans son domestique », c'est sans doute dans Le Misanthrope que l'invention dramatique, puisant au plus profond de l'expérience humaine, révèle l'épanouissement d'un art capable de transcender la vie pour en traduire, à travers une forme maîtrisée, la pleine vérité.

C'est par cette maîtrise de l'expression théâtrale de la réalité que Molière s'est imposé sur la scène comique de son temps, en offrant, selon le jugement de Perrault, « des images si vives des mœurs de son siècle et des caractères si bien marqués que les représentations semblaient moins être des comédies que la vérité même[1] ». De cette peinture critique des mœurs contemporaines, Les Précieuses ridicules, *en 1659, avaient donné la version farcesque, alors que les deux* Écoles *et* Le Tartuffe *en exploraient le versant bourgeois. Plus proches de l'univers social du* Misanthrope, Les Fâcheux, La Critique de l'École des femmes *et* L'Impromptu de Versailles *avaient révélé avec succès l'agrément de la satire des gens du monde. Si beaucoup d'éléments de cette peinture de la belle société se retrouvent dans* Le Misanthrope, *on mesure aussi la distance qui sépare, sur le plan dramatique, ces divertissements rapides de la grande comédie : l'esquisse est devenue tableau.*

Mais comment prétendre enfermer une époque dans les limites d'un salon mondain ? Cette attention portée au monde aristocratique de la ville et de la cour transpose, dans le cadre de la comédie, la conviction que l'univers de la haute société résume et révèle les ressorts fondamentaux de la vie morale. Comme la cour dans La Princesse de Clèves *ou les palais princiers de la tragédie, le salon de Célimène s'impose à l'auteur comique comme un lieu d'observation privilégié pour qui cherche à saisir, sous le masque des apparences, la vie humaine dans sa vérité profonde. Mieux qu'une réponse technique aux exigences de l'unité de lieu, de la vraisemblance matérielle et du mouve-*

---

1. Charles Perrault, *Les Hommes illustres qui ont paru en France pendant le* XVIIe *siècle* (1696) ; 3e éd., 1701, p. 168-169.

ment scénique, le resserrement de l'action dans l'espace du salon installe symboliquement sur la scène le théâtre du monde. Dans ce microcosme se rassemblent des figures caractéristiques et contrastées qui résument les conduites mondaines : entre la coquette et la prude, la sincère et raisonnable Éliante apporte l'illustration féminine d'un idéal d'honnêteté dont Philinte incarne le pendant masculin ; la mesure de ce dernier fait ressortir la brutalité chagrine d'Alceste, la frivolité des marquis, la prétention d'Oronte. Par le biais de la conversation, qui élargit l'espace scénique au monde extérieur, se découvrent d'autres acteurs de la comédie sociale, dont la sévérité d'Alceste ou la raillerie de Célimène dévoilent les vices et les ridicules ; et, pour être prudemment rejetés dans les arrière-plans de la pièce, ces échos du monde extérieur n'en sont pas moins lourds de sens quand le procès d'Alceste ou les manèges d'Arsinoé laissent entrevoir le pouvoir de l'intrigue au Palais de justice ou à la cour. La peinture des mœurs dans Le Misanthrope *ouvre donc à la réflexion critique un champ infiniment plus vaste que ne pourrait le laisser supposer un cadre social étroitement circonscrit. À la satire vigoureuse d'un vice particulier comme l'égoïsme despotique d'Arnolphe ou l'hypocrisie avide de Tartuffe, la comédie substitue la peinture vivante, exacte et nuancée d'une société mondaine riche de contradictions, avec son élégante distinction et ses appétits cyniques, ses plaisirs et ses chagrins, le jeu masqué des ambitions et des prétentions qui font craquer le vernis de la politesse. Recenser les thèmes critiques abordés conduirait à ouvrir quelques-uns des grands chapitres dans lesquels La Bruyère rangera, dans ses* Caractères, *ses observations sur « les mœurs de ce siècle ». Qu'il s'agisse des ouvrages de l'esprit, du mérite personnel, des femmes et du cœur, de la société et de la conversation, de la ville et de la cour, de la mode et de quelques usages, de l'homme et des jugements,* la comédie du Misanthrope *offre bien, comme le reconnaissait Donneau de Visé, un « portrait du siècle » d'une singulière richesse.*

Portée par les créations antérieures, dont elle rassemble et approfondit les recherches, guidée par une haute ambition artistique et la volonté de désarmer la critique, l'œuvre a valeur d'accomplissement. Aux Lysidas qui accusaient L'École des femmes *de pécher « contre toutes les règles de l'art », l'auteur du* Misanthrope *oppose une comédie qui répond de la manière la plus naturelle aux exigences de la vraisemblance, des unités dramatiques et du mouvement scénique. Par son lieu unique rassemblant un nombre réduit de personnages appartenant au même monde, par la sobriété d'une intrigue fondant l'intérêt dramatique sur un climat d'impatience d'où naît une tension croissante, par la qualité d'un langage accordé aux convenances de la conversation élégante, la pièce n'est pas si éloignée de l'idéal tracé par Racine dans la préface de* Bérénice. *Si la vraisemblance des personnages se fonde en partie sur leur appartenance à des catégories sociales, médicales ou morales reconnues, ils ne se réduisent pas à cette vérité conventionnelle du type (la coquette, la prude, le bel esprit, le marquis ridicule, l'atrabilaire, l'honnête homme) et, s'éloignant des figures fortement stylisées de la tradition comique, ils apportent à la comédie une forme de vérité accrue. Alceste, plus encore qu'Arnolphe, a été conçu par un dramaturge qui sait, comme le déclare Dorante dans* La Critique de l'École des femmes, *qu'« il*

*n'est pas incompatible qu'une personne soit ridicule en de
certaines choses et honnête homme en d'autres »* ; *et une
égale complexité s'attache au personnage de Célimène,
dont on pourrait dire, comme Racine l'écrit de Phèdre,
qu'elle « n'est ni tout à fait coupable, ni tout à fait innocente ». Aux critiques qui le jugeaient incapable de s'élever
au-dessus de la farce et de ses bouffonneries, Molière,
après avoir défendu la dignité artistique du genre comique
dans la* Critique, *apporte avec* Le Misanthrope *l'illustration d'une comédie capable d'atteindre, dans son registre
propre, ces régions supérieures de la beauté dont la tragédie avait fait son empire. Si, dans l'œuvre de Molière,* Le
Misanthrope *occupe une place singulière, c'est que jamais
le dramaturge n'a porté plus haut son effort pour rapprocher la comédie du théâtre sérieux. Ce faisant, il prenait
le risque de déconcerter un public accoutumé à un style
comique plus accentué, habitué aussi à trouver dans la comédie un partage plus franc entre le bien et le mal, la vérité et le mensonge, la raison et l'illusion. Non que Molière
ait renoncé à démasquer les ridicules et les tares du monde
comme il va, dans une comédie où la lucidité reste le
fondement de la sagesse. Mais cette sagesse serait incom-
plète si elle n'enseignait à se défier de toutes les formes de
prétention, y compris la prétention à la vérité et à la vertu.
Au centre du* Misanthrope, *par-delà le procès d'un monde
livré au mensonge, à la dissimulation et à l'artifice, le
spectacle des ambiguïtés de la vie morale et des incertitudes du jugement met en question la présomption des censeurs. C'est la réponse de Molière à la vertueuse indignation des « critiques zélés » qui, après s'être déchaînés
contre* L'École des femmes, *ont obtenu l'interdiction du*

Tartuffe. *Mais c'est aussi l'expression d'une réflexion morale approfondie qui donne à la comédie du* Misanthrope
un rare pouvoir d'interrogation.

La complexité de la vie

« *J'ai tort, ou j'ai raison* » *(v. 192) : pour Alceste, il
n'est pas de moyen terme dans l'ordre de la morale, nul
compromis ; on ne transige pas avec les valeurs. Cette
rigueur, improprement rapprochée parfois de l'austérité
janséniste, s'enracine en réalité dans le vieux code aristocratique de l'honneur, de la franchise et de la vertu. Elle
se heurte aux mœurs d'une société élégante qui a appris à
se soumettre à l'ordre établi et à plier les appétits indivi-
duels aux convenances du monde et aux exigences de la vie
de cour. Le temps n'est plus de l'affirmation glorieuse du
moi, et si Éliante reconnaît à la sincérité d'Alceste, dans
sa singularité même, un caractère de noblesse héroïque
(v. 1165-1166), au regard de Philinte, « cette grande roideur des vertus des vieux âges » (v. 153) n'est plus de mise
et s'écarte trop des « communs usages » pour n'être pas
perçue comme déraisonnable. En refusant de s'adapter aux
usages modernes, le Misanthrope fait figure d'attardé dans
un monde qui a changé. À une époque où la noblesse a dû
définitivement s'incliner devant un pouvoir monarchique
souverain et borner son ambition à briguer les faveurs de
la cour et les suffrages du monde, la protestation d'Alceste
contre la frivolité des salons et la fausseté des commerces
mondains, sa distance hautaine par rapport à la cour, à
ses mensonges et à ses servitudes, son difficile accommode-*

ment devant le tribunal des maréchaux, sont autant de signes révélateurs d'un désaccord avec son temps, d'une résistance au présent, d'une révolte de la conscience individuelle contre un ordre collectif insatisfaisant. Privée d'expression politique, cette dissidence morale fait entendre, à l'époque de la monarchie triomphante et du règne de l'honnêteté, une exigence d'autonomie et d'authenticité qui conteste la suprématie du paraître. Sans doute y aurait-il quelque illusion à voir en Alceste le dernier des justes dans un monde abandonné au mensonge et à l'iniquité, sauf à partager l'image flatteuse que le personnage se forme de lui-même ; et il ne serait pas moins imprudent de prêter au « vieux temps » auquel renvoie la chanson du roi Henri les vertus de simplicité et de transparence dont Alceste se plaît à parer le passé. La nostalgie d'un âge d'or de l'innocence et de la vérité nourrit un mythe qui, dès le début du siècle, permettait à Mathurin Régnier de fustiger, dans la Satire V (v. 205 et suiv.), la dégradation des mœurs modernes ; sous le règne de Louis XIV, chez Mme de Villedieu, Mme Deshoulières et Fénelon notamment, cette célébration de la vertueuse simplicité et de la bonne foi des temps anciens atteste la persistance d'une aspiration à la plénitude que les divertissements frivoles du loisir mondain ne sauraient satisfaire. La protestation d'Alceste n'est donc pas aussi isolée qu'on pourrait le penser, et si Molière en a fait une des lignes de force de sa comédie, c'est bien qu'il percevait, comme les amis du Misanthrope sur la scène, la hauteur d'une exigence morale dont le public était invité à reconnaître la valeur.

Aussi la comédie donne-t-elle raison à Alceste lorsqu'il dénonce l'insincérité des relations mondaines, les séduc-

tions dangereuses de la médisance ou les manèges de la flatterie : qu'il s'agisse des « vices unis à l'humaine nature » (v. 174) ou du triomphe de l'intrigue (« Tout marche par cabale et par pur intérêt », v. 1556), l'assentiment de Philinte confirme la justesse du constat. La vérité est aussi du côté d'Alceste quand il s'élève contre les manœuvres du « franc scélérat » avec qui il est en procès, ombre portée de Tartuffe, dont les impostures et les calomnies évoquent les menées des dévots. À défaut d'être neuf, le procès moral d'une cour dominée par le jeu des ambitions et des faux-semblants avait la force du lieu commun. À l'inverse, la critique du sonnet d'Oronte risquait de déconcerter un public mondain enclin à admirer les bagatelles rimées et, au dire de Donneau de Visé, plusieurs spectateurs, lors de la première représentation du Misanthrope, *entendirent avec confusion dénoncer le caractère artificiel et frivole d'un poème qu'ils avaient cru bon d'approuver : l'anecdote confirme, s'il en était besoin, que le jugement critique d'Alceste, une fois encore, s'impose comme juste et conforme à la droite raison, même si le refus des faux brillants de la poésie de salon conduit à porter aux nues une chanson naïve et démodée qui ne méritait peut-être pas cet excès d'enthousiasme.*

Mais la comédie montre aussi, et elle en tire ses effets les plus plaisants, que l'on peut avoir raison et se mettre dans son tort. En refusant de visiter ses juges sous prétexte que son bon droit doit suffire à sa défense, en faisant d'une banale embrassade un crime inexpiable, en poussant jusqu'à l'esclandre la critique d'un sonnet galant, en introduisant enfin dans le salon de Célimène une censure chagrine qui brise l'euphorie de la fête mondaine, Alceste illustre les effets malencontreux d'une sagesse qui a perdu le sens de la mesure et des réalités.

Cette leçon profonde de la pièce est exposée avec la plus grande netteté dans le débat initial qui oppose, à travers deux êtres d'une égale probité et qu'une éducation commune (« sous mêmes soins nourris », v. 99) a dotés d'une haute conscience, deux conduites contrastées. Si l'intransigeance morale du Misanthrope sous-tend un procès lucide des mensonges mondains, elle révèle aussi les limites de cette rigueur lorsque l'exigence de sincérité rencontre l'épreuve des faits. Alceste a raison en droit de dénoncer la comédie sociale dont Philinte, non moins que lui, reconnaît les manèges ; son erreur, ou, si l'on veut, sa folie, tient à son refus obstiné de distinguer entre le droit et le fait, l'impératif éthique et la morale pratique, le plan de l'idéal, où s'exprime l'absolu des valeurs, et celui de l'existence concrète, qui implique adaptation au réel. Quoi qu'en ait dit Rousseau, la mesure prônée par Philinte n'est pas, dans la perspective de Molière, une démission de l'exigence morale, mais un effort accru pour construire, en toute lucidité, un art de vivre qui ne se réduise pas à un code de l'apparence. Loin d'éloigner de la vérité, la véritable honnêteté introduit dans la sociabilité un désir d'authenticité qui appelle à porter un regard vigilant sur le monde et sur soi. Aussi Molière s'est-il gardé de faire de Philinte un raisonneur triomphant, dans une comédie attachée à dissiper les illusions de la bonne conscience et les mensonges intérieurs.

Arsinoé offre un bon exemple de cette critique du mensonge qui prolonge et approfondit, dans Le Misanthrope, *le procès de l'hypocrisie engagé dans* Le Tartuffe. *Comme*

*l'imposteur qui poursuit Alceste en justice, la prude Arsi-
noé appartient à la famille des « fanfarons de vertu » dont
la sévérité outrée décèle, au regard de Cléante, une ferveur
suspecte. Ses liens avec la cabale dévote se dévoilent
lorsqu'elle propose à Alceste de le servir à la cour, et nul
ne doute que son zèle ardent, comme le dit Célimène, ne
soit rien d'autre qu'une « franche grimace » posée sur le
dépit. Et pourtant la fausse prude apparaît comme une
figure ambiguë, dès lors que le masque et le visage tendent
à se confondre chez un personnage qui se prend à son rôle.
En dénonçant*

> Cette hauteur d'estime où vous êtes de vous,
> Et ces yeux de pitié que vous jetez sur tous,
> Vos fréquentes leçons, et vos aigres censures

*Célimène, au-delà de l'« affectation » et des « mines », met
le doigt sur une forme plus insidieuse du mensonge, l'illusion sur soi. Cette « hauteur d'estime » que l'on a pour soi-
même est la forme la plus commune de l'amour-propre.
C'est cet amour de soi qui nourrit l'appétit de pouvoir de
chacun, la fatuité des marquis, la prétention d'Oronte, le
goût de l'intrigue chez Arsinoé, la verve médisante et le jeu
de la séduction chez Célimène. Est-il besoin d'ajouter que
la sévérité d'Alceste et ses chagrins puisent inconsciem-
ment à la même source ?*

*Cet amour-propre incontrôlé éclaire l'échec des répon-
ses que le Misanthrope oppose aux faux-semblants du
monde. En refusant les éloges (« Mon Dieu ! laissons mon
mérite, de grâce », v. 1061), il fait moins preuve de modes-
tie que d'un orgueil plus haut, qui le pousse à se tenir à*

l'écart de la course aux récompenses et aux honneurs pour mieux affirmer sa supériorité ; et ce désir de distinction trouve un triomphe absurde dans l'amère jubilation avec laquelle Alceste accueille la perte de son procès, qui achève de justifier sa condamnation des hommes et sa volonté, tôt affirmée dans la pièce, de rompre avec le monde. L'amour-propre éloigne aussi le Misanthrope de cette véritable amitié qu'il distingue, avec raison, des simulacres de la civilité : les reproches véhéments qu'il adresse à Philinte, dès les premiers vers de la pièce, ont des accents de dépit qui excluent toute forme de compréhension et de bienveillance, comme si Alceste, oubliant que l'amitié est un sentiment partagé, restait trop attaché à lui-même pour accorder à autrui cette préférence par rapport à soi qui distingue, selon La Rochefoucauld, l'amitié « vraie et parfaite » (maxime 81).

Ce même amour-propre qui transforme l'amitié d'Alceste en exigence jalouse donne à son amour pour Célimène un caractère possessif et violent. Passion tourmentée, dominatrice, qui pousse l'amant jaloux à s'exaspérer de l'autonomie de la femme aimée et à vouloir l'arracher au monde pour la réduire à trouver « tout en [lui] » (v. 1782) : écho lointain peut-être de l'amour absolu de Tristan, mais un Tristan qui s'est fait tyran. L'égoïsme de la passion éclate dans les vœux à la fois comiques et terrifiants que formule Alceste à la fin de la grande scène 3 de l'acte IV. Jamais le Misanthrope n'a été plus proche de la folie que dans ce rêve destructeur tendant à priver Célimène de sa beauté, de son bien et de son rang ; mais jamais aussi n'aura été plus clairement avoué le désir profond d'anéantir tout ce qui rattache Célimène au monde, tout ce qui lui donne une individualité, une autonomie, un pouvoir. Le rêve d'Alceste répond très exactement au projet d'Arnolphe, qui a acheté Agnès à une paysanne alors qu'elle avait quatre ans pour l'élever à sa guise, dans une totale ignorance, en vue de s'assurer la possession exclusive d'une épouse soumise et « qui tienne tout de [lui] » (I,1, v. 126), comme Alceste voudrait voir Célimène « tenir tout des mains de [son] amour » (v. 1432). Alceste au fond supporte mal que Célimène soit belle, riche, indépendante, pleine de charme et d'esprit : c'est par là qu'elle le séduit, mais aussi qu'elle lui échappe, vivant hors de lui, alors qu'il voudrait qu'elle fût toute à lui, qu'elle s'absorbât en lui, ou mieux qu'elle fût lui. Il paraît difficile de marquer plus fortement la puissance de l'amour-propre dans l'amour.

Or Célimène existe par elle-même et n'est pas prête à renoncer aux plaisirs de la société. Maîtresse de son destin, elle goûte dans la liberté du veuvage un bonheur qui oppose au chagrin d'Alceste l'affirmation heureuse d'un accord avec le monde élégant du loisir et ses divertissements. Au paradoxe du Misanthrope qui s'exposait, par son refus du jeu social, à donner la comédie répond le paradoxe symétrique de Célimène qui, en épousant le monde et ses plaisirs, se protège mieux du mensonge et de la mauvaise foi que les zélateurs de la vertu, trouvant dans le jeu de la séduction une forme de naturel et d'innocence que ni les soupçons d'Alceste ni les manœuvres d'Arsinoé ne parviennent à ternir.

Le jeu ne va pas sans risques, et Arsinoé n'a pas tort de rappeler à la jeune veuve que les soupirants qui la pressent ne brûlent pas d'une ardeur platonique. Acaste l'avoue au début du troisième acte : l'amour à crédit n'est pas son fait, « il faut qu'à frais communs se fassent les avances » (v. 822). Or Célimène ne veut pas payer ; ou plutôt, elle n'entend accorder que des paroles engageantes, qui entretiennent l'espérance en laissant à chacun l'illusion d'être favorisé. Fondé sur l'équivoque, le pouvoir de la coquette est fragile : il suffira de quelques billets imprudents pour en dévoiler la précarité.

À trois reprises dans la pièce, Célimène est mise sur la sellette. Elle triomphe aisément de l'hypocrite Arsinoé, non seulement par l'effet d'une ironie supérieure, mais aussi par la justesse d'une leçon morale qui, au-delà de la fausse prude, rappelle à tous les censeurs

Qu'on doit se regarder soi-même un fort long temps
Avant que de songer à condamner les gens *(v. 951-952),*

et qu'il convient de juger autrui avec circonspection dans un monde où l'on peut « louer et blâmer tout » (v. 975). Que Molière ait prêté à Célimène, au centre de la pièce, ces maximes de haute portée, leçons clés de la comédie, donne au personnage une valeur que l'interprétation traditionnelle du rôle a longtemps méconnue ou déformée en faisant de Célimène le type achevé de la « grande coquette ». Les limites de cette interprétation ne sont pas moins sensibles dans la belle scène 3 du quatrième acte où Alceste, guidé par Arsinoé, croit pouvoir convaincre Célimène de la plus noire trahison. Si ce deuxième procès de la jeune veuve tourne à la confusion de l'accusateur, ce n'est pas, comme une longue tradition théâtrale invite à le penser, parce que la coquette se défend avec une magis-

trale rouerie contre une accusation justifiée, mais bien parce qu'elle fait preuve d'une totale transparence : elle peut avouer sans trouble un billet autorisé par l'usage galant, dont tout porte à croire qu'il relève des jeux d'esprit du badinage ; signaler avec franchise à Alceste que ses éclats impérieux passent la mesure ; revendiquer enfin la liberté de recevoir avec plaisir les « soins » d'Oronte sans laisser d'accorder à Alceste la préférence d'un cœur trop haut placé pour « descendre [...] aux bassesses de feindre » (v. 1394).

La révélation des billets adressés à Acaste et Clitandre, lors du dernier procès de Célimène, permet au spectateur, une fois encore placé en position de juge, de décider sur pièces. Or ces billets galants, s'ils confirment la vivacité d'un esprit porté à la satire, se tiennent à distance du mensonge. Célimène ne ment pas quand elle relève avec humour les ridicules des familiers de son salon. Elle ne ment pas non plus quand elle déclare à chacun que sa compagnie lui est agréable : elle se borne à jouer avec les équivoques du langage galant pour flatter l'amour-propre de ses correspondants et les inciter à se tromper eux-mêmes. Aussi la réaction d'Oronte, d'Acaste et de Clitandre traduit-elle avant tout le dépit, et autant que la légèreté de Célimène, c'est la piquante vérité de ses portraits railleurs qui crée chez ces trois soupirants déçus la blessure d'amour-propre : on n'est pas obligé de plaindre ces mauvais perdants.

Sous le regard d'Éliante et de Philinte, témoins muets de cette désagrégation du groupe, l'ultime face-à-face d'Alceste et de Célimène achève de révéler la vérité complexe de deux êtres qui, à l'instar des héros de tragédie, restent

*fidèles à eux-mêmes et vont jusqu'au bout de leur destin.
En tentant de mettre à profit la confusion de la jeune veuve
pour la réduire à s'arracher au monde, Alceste use d'une
forme de chantage qui ne le grandit pas ; mais cette obstination à demander l'impossible est dans la logique d'un
personnage hanté par une obscure et orgueilleuse passion
de l'échec qui le voue à la solitude. Célimène, pour sa part,
assume avec dignité la sanction de ses imprudences.
Comme la jeune Stelle dans* L'Astrée *ou Ardelinde dans*
Le Grand Cyrus, *elle connaît la destinée des coquettes qui
s'exposent, l'abbé d'Aubignac en prévient dans sa* Relation
du Royaume de coquetterie *(1654), à subir la vengeance
de ceux qu'elles ont bernés quand leurs manèges sont dé-
voilés. Mais Molière s'est gardé d'accabler Célimène.
L'épreuve finale fait au contraire ressortir la sincérité d'un
être qui sait reconnaître ses torts, qui confirme l'authenticité de ses sentiments en consentant à s'unir à Alceste,
mais qui refuse de sacrifier son désir d'autonomie à la tyrannie de la passion. Cette vérité de Célimène, sur le plan
théâtral comme sur le plan moral, n'a pas moins de prix
que la vérité d'Alceste : la rupture tire sa nécessité d'une
incompatibilité de nature qui échappe à tout jugement.*

*De ce dénouement musicalement si juste, et dans le
même temps si audacieusement éloigné des conventions comiques, naît une interrogation sur le bonheur dont la gravité amère est soulignée, plutôt que corrigée, par l'union
de Philinte et d'Éliante. Car s'il est clair que ces deux personnages incarnent une sagesse idéale, faite d'équilibre, de
délicatesse morale et de maîtrise de soi, cette conduite raisonnable et discrète gomme trop les frémissements de la
sensibilité, les incertitudes du cœur et les élans irrationnels*

du désir pour donner sur la scène, à l'égal d'Alceste et de Célimène, le sentiment troublant de la vie. La profondeur du Misanthrope *est aussi dans cette mise en question implicite d'une norme qui, dans sa prétention à dépasser les contradictions humaines, s'éloigne de la vérité. Molière, pour sa part, a fait de ces contradictions mêmes la substance de la comédie, prenant le risque de priver le public de la gaieté qui naît des solutions fictives pour lui offrir ce plaisir plus subtil qu'apporte l'intelligence de la complexité et des ambiguïtés de la vie.*

JACQUES CHUPEAU

NOTE SUR LE TEXTE

Nous reproduisons le texte de l'édition originale parue chez le libraire parisien Jean Ribou dans les derniers jours de 1666 sous la date de 1667 (achevé d'imprimer le 24 décembre). L'orthographe et la ponctuation ont été modernisées. La *Lettre écrite sur la comédie du Misanthrope*, qui figurait en tête de cette première édition et de celles qui suivirent, y compris dans l'édition collective des *Œuvres de M. de Molière, revues, corrigées et augmentées* de 1682, est analysée dans la notice (p. 195-197). On trouvera entre crochets les indications apportées par les éditions de 1682 et de 1734. Dans les notes du texte comme dans le lexique, les références au *Dictionnaire* de Furetière sont marquées par l'initiale F.

Le Misanthrope

Dans le privilège accordé à Molière le 21 juin 1666 et enregistré par la chambre syndicale des libraires de Paris le 21 décembre suivant, la comédie du *Misanthrope* est sous-titrée *L'Atrabilaire amoureux*. Ce sous-titre n'a pas été repris dans le texte imprimé par le libraire-éditeur Jean Ribou en décembre 1666. Mais l'auteur de la *Lettre sur la comédie du « Misanthrope »*, Jean Donneau de Visé, parle de « la comédie du Misanthrope amoureux », ce qui semblerait indiquer que la pièce, à ses débuts, a été connue sous ce titre.

ACTEURS

ALCESTE, *amant de Célimène.*
PHILINTE, *ami d'Alceste.*
ORONTE, *amant de Célimène.*
CÉLIMÈNE, *amante d'Alceste.*
ÉLIANTE, *cousine de Célimène.*
ARSINOÉ, *amie de Célimène.*
ACASTE,
CLITANDRE, } *marquis.*
BASQUE, *valet de Célimène.*
UN GARDE de la maréchaussée de France.
DU BOIS, *valet d'Alceste.*

La scène est à Paris
[, dans la maison de Célimène. 1734.]

ACTE PREMIER

SCÈNE PREMIÈRE

PHILINTE, ALCESTE

PHILINTE

Qu'est-ce donc ? Qu'avez-vous ?

ALCESTE [, *assis*. 1682, 1734] [1]

Laissez-moi, je vous prie.

PHILINTE

Mais encor dites-moi quelle bizarrerie...

1. Cette indication est confirmée par la gravure placée en tête de l'édition originale et par celle qu'a dessinée Brissart pour l'édition de 1682.

ALCESTE

Laissez-moi là, vous dis-je, et courez vous cacher.

PHILINTE

Mais on entend les gens, au moins, sans se fâcher.

ALCESTE

5   Moi, je veux me fâcher, et ne veux point entendre.

PHILINTE

Dans vos brusques chagrins je ne puis vous comprendre
Et quoique amis enfin, je suis tout des premiers...

ALCESTE [, *se levant brusquement*. 1682, 1734]

Moi, votre ami ? Rayez cela de vos papiers [1]
J'ai fait jusques ici profession de l'être ;
10 Mais après ce qu'en vous je viens de voir paraître
Je vous déclare net que je ne le suis plus,
Et ne veux nulle place en des cœurs corrompus.

PHILINTE

Je suis donc bien coupable, Alceste, à votre compte ?

ALCESTE

Allez, vous devriez mourir de pure honte ;
15 Une telle action ne saurait s'excuser,
Et tout homme d'honneur s'en doit scandaliser.

1. « On dit [...] : *Ôtez cela de vos papiers*, pour dire : Vous
vous trompez de croire une telle chose » (F.).

Je vous vois accabler un homme de caresses,
Et témoigner pour lui les dernières tendresses ;
De protestations, d'offres et de serments,
Vous chargez[1] la fureur de vos embrassements ;   20
Et quand je vous demande après quel est cet homme,
À peine pouvez-vous dire comme il se nomme ;
Votre chaleur pour lui tombe en vous séparant,
Et vous me le traitez, à moi, d'indifférent.
Morbleu ! c'est une chose indigne, lâche, infâme,   25
De s'abaisser ainsi jusqu'à trahir son âme ;
Et si, par un malheur, j'en avais fait autant,
Je m'irais, de regret, pendre tout à l'instant.

PHILINTE

Je ne vois pas, pour moi, que le cas soit pendable,
Et je vous supplierai d'avoir pour agréable   30
Que je me fasse un peu grâce sur votre arrêt[2]
Et ne me pende pas pour cela, s'il vous plaît.

ALCESTE

Que la plaisanterie est de mauvaise grâce !

PHILINTE

Mais, sérieusement, que voulez-vous qu'on fasse ?

1. *Vous chargez* : vous surchargez, vous outrez. Molière avait
déjà raillé ces débordements de civilités dans *Les Précieuses ridicules* (scène 11) et dans *Les Fâcheux* (I, 1, v. 99-102).
2. *Arrêt* : décision de justice, sentence, condamnation. Philinte
joue avec le vocabulaire du droit (*cas pendable, supplier, grâce,
arrêt*) pour relever avec humour ce qu'il y a d'excessif dans le
jugement d'Alceste.

ALCESTE

35 Je veux qu'on soit sincère, et qu'en homme d'honneur,
On ne lâche aucun mot qui ne parte du cœur.

PHILINTE

Lorsqu'un homme vous vient embrasser avec joie,
Il faut bien le payer de la même monnoie,
Répondre, comme on peut, à ses empressements,
40 Et rendre offre pour offre, et serments pour serments.

ALCESTE

Non, je ne puis souffrir cette lâche méthode
Qu'affectent la plupart de vos gens à la mode ;
Et je ne hais rien tant que les contorsions
De tous ces grands faiseurs de protestations,
45 Ces affables donneurs d'embrassades frivoles,
Ces obligeants diseurs d'inutiles paroles,
Qui de civilités avec tous font combat,
Et traitent du même air l'honnête homme et le fat.
Quel avantage a-t-on qu'un homme vous caresse,
50 Vous jure amitié, foi, zèle, estime, tendresse,
Et vous fasse de vous un éloge éclatant,
Lorsqu'au premier faquin il court en faire autant ?
Non, non, il n'est point d'âme un peu bien située[1]
Qui veuille d'une estime ainsi prostituée ;

1. *Avoir l'âme bien située*, c'est avoir le cœur bien placé, penser et sentir avec noblesse, avoir des sentiments élevés.

Et la plus glorieuse a des régals[1] peu chers,   55
Dès qu'on voit qu'on nous mêle avec tout l'univers :
Sur quelque préférence une estime se fonde,
Et c'est n'estimer rien qu'estimer tout le monde.
Puisque vous y donnez, dans ces vices du temps,
Morbleu ! vous n'êtes pas pour être de mes gens[2] ;   60
Je refuse d'un cœur la vaste complaisance
Qui ne fait de mérite aucune différence ;
Je veux qu'on me distingue ; et pour le trancher net,
L'ami du genre humain n'est point du tout mon fait.

PHILINTE

Mais quand on est du monde, il faut bien que l'on rende   65
Quelques dehors civils[3] que l'usage demande.

ALCESTE

Non, vous dis-je, on devrait châtier, sans pitié,

1. Au sens propre, un *régal* est un cadeau ou un divertissement que l'on offre à quelqu'un ; par extension, il « se dit aussi de tout ce qui est agréable et qui plaît » (F.). D'après le témoignage de Brossette, Boileau voyait dans ce passage du *Misanthrope* un exemple du jargon résultant par endroits chez Molière d'une versification négligée (*Correspondance Boileau-Brossette*, éd. Lavardet, p. 515). La variante apportée au vers 55 par Boileau ou par Brossette (« *Et la plus haute estime* a des régals peu chers ») montre que *glorieuse* doit être rapporté à *estime*, thème directeur de la phrase, et non à *âme*. Comprenons que l'estime la plus flatteuse offre des présents de peu de valeur et qui cessent de réjouir quand on découvre que cette estime est galvaudée.
2. *Vous n'êtes pas pour être de mes gens* : vous n'êtes pas fait pour être de ma société.
3. *Que l'on rende quelques dehors civils* : que l'on donne quelques marques extérieures de politesse.

Ce commerce honteux de semblants d'amitié.
Je veux que l'on soit homme, et qu'en toute rencontre
70 Le fond de notre cœur dans nos discours se montre
Que ce soit lui qui parle, et que nos sentiments
Ne se masquent jamais sous de vains compliments.

PHILINTE

Il est bien des endroits où la pleine franchise
Deviendrait ridicule et serait peu permise ;
75 Et parfois, n'en déplaise à votre austère honneur,
Il est bon de cacher ce qu'on a dans le cœur.
Serait-il à propos et de la bienséance
De dire à mille gens tout ce que d'eux on pense ?
Et quand on a quelqu'un qu'on hait ou qui déplaît,
80 Lui doit-on déclarer la chose comme elle est ?

ALCESTE

Oui.

PHILINTE

Quoi ? vous iriez dire à la vieille Émilie
Qu'à son âge il sied mal de faire la jolie,
Et que le blanc [1] qu'elle a scandalise chacun ?

ALCESTE

Sans doute.

---

1. *Blanc* : fard à base de céruse, destiné à éclaircir le teint et à masquer les rides (d'où l'expression : « un visage plâtré »). Arsinoé usera aussi, selon Célimène, de cet artifice de la coquetterie (III, 4, v. 942).

PHILINTE

À Dorilas, qu'il est trop importun,
Et qu'il n'est, à la cour, oreille qu'il ne lasse   85
À conter sa bravoure et l'éclat de sa race ?

ALCESTE

Fort bien.

PHILINTE

Vous vous moquez.

ALCESTE

Je ne me moque point,
Et je vais n'épargner personne sur ce point.
Mes yeux sont trop blessés, et la cour et la ville
Ne m'offrent rien qu'objets à m'échauffer la bile ;   90
J'entre en une humeur noire[1], en un chagrin profond,
Quand je vois vivre entre eux les hommes comme ils
                                        [font ;
Je ne trouve partout que lâche flatterie,
Qu'injustice, intérêt, trahison, fourberie ;
Je n'y puis plus tenir, j'enrage, et mon dessein   95
Est de rompre en visière[2] à tout le genre humain.

1. Cette *humeur noire*, c'est l'atrabile ou mélancolie, qui exacerbe l'irritation et la morosité d'Alceste.
2. *Rompre en visière* : au sens propre, viser de sa lance le casque de l'adversaire ; au figuré, attaquer violemment, contredire sans ménagement.

PHILINTE

Ce chagrin philosophe est un peu trop sauvage[1],
Je ris des noirs accès où je vous envisage,
Et crois voir en nous deux, sous mêmes soins nourris,
100 Ces deux frères que peint *L'École des maris*[2],
Dont...

ALCESTE

Mon Dieu ! laissons là vos comparaisons fades.

PHILINTE

Non : tout de bon, quittez toutes ces incartades.
Le monde par vos soins ne se changera pas ;
Et puisque la franchise a pour vous tant d'appas,
105 Je vous dirai tout franc que cette maladie,
Partout où vous allez, donne la comédie,
Et qu'un si grand courroux contre les mœurs du temps
Vous tourne en ridicule auprès de bien des gens.

---

1. La restriction permet de déceler dans l'expression apparemment élogieuse, « ce chagrin philosophe », une nuance d'ironie. Si le philosophe est celui qui se distingue du commun par son esprit supérieur, il « se dit quelquefois ironiquement d'un homme bourru, crotté, incivil, qui n'a aucun égard aux devoirs et aux bienséances de la société civile » (F.).

2. Ariste et Sganarelle, dans *L'École des maris*, réagissent de manière opposée au monde comme il va, le premier en s'accommodant aux usages du temps, le second en s'attachant obstinément à des traditions périmées. La référence dévoile avec humour les contacts entre le théâtre et la vie, mais suggère aussi la continuité d'un point de vue comique qui impose aux caractères inadaptés comme Sganarelle ou Alceste la sanction du ridicule. Philinte le dira « tout franc » à Alceste au vers 105.

ALCESTE

Tant mieux, morbleu ! tant mieux, c'est ce que je
[demande,
Ce m'est un fort bon signe, et ma joie en est grande :   110
Tous les hommes me sont à tel point odieux,
Que je serais fâché d'être sage à leurs yeux.

PHILINTE

Vous voulez un grand mal à la nature humaine !

ALCESTE

Oui, j'ai conçu pour elle une effroyable haine.

PHILINTE

Tous les pauvres mortels, sans nulle exception,   115
Seront enveloppés dans cette aversion ?
Encore en est-il bien, dans le siècle où nous sommes...

ALCESTE

Non : elle est générale, et je hais tous les hommes :
Les uns, parce qu'ils sont méchants et malfaisants,
Et les autres, pour être aux méchants complaisants[1],   120
Et n'avoir pas pour eux ces haines vigoureuses

1. Le propos d'Alceste fait écho à une repartie célèbre du philosophe grec Timon d'Athènes, rapportée par Érasme au livre VI
de ses *Apophtegmes* : « On demandait à Timon d'Athènes, sur-
nommé le Misanthrope, pourquoi il poursuivait de sa haine tous
les hommes : "Les méchants, répondit-il, je les hais à juste titre ;
tous les autres, je les hais parce qu'ils ne haïssent pas les méchants" » (traduction de G. Couton).

Que doit donner le vice aux âmes vertueuses.
De cette complaisance on voit l'injuste excès
Pour le franc scélérat avec qui j'ai procès :
125 Au travers de son masque on voit à plein le traître ;
Partout il est connu pour tout ce qu'il peut être ;
Et ses roulements d'yeux et son ton radouci
N'imposent qu'à des gens qui ne sont point d'ici.
On sait que ce pied-plat[1], digne qu'on le confonde,
130 Par de sales emplois s'est poussé dans le monde,
Et que par eux son sort de splendeur revêtu
Fait gronder le mérite et rougir la vertu.
Quelques titres honteux qu'en tous lieux on lui donne,
Son misérable honneur ne voit pour lui personne[2] ;
135 Nommez-le fourbe, infâme et scélérat maudit,
Tout le monde en convient, et nul n'y contredit.
Cependant sa grimace est partout bienvenue :
On l'accueille, on lui rit, partout il s'insinue ;
Et s'il est, par la brigue, un rang à disputer,
140 Sur le plus honnête homme on le voit l'emporter.
Têtebleu ! ce me sont de mortelles blessures,
De voir qu'avec le vice on garde des mesures ;
Et parfois il me prend des mouvements soudains
De fuir dans un désert l'approche des humains.

---

1. *Pied-plat* : par allusion aux souliers sans talon du paysan, le *pied-plat* désigne avec mépris le gueux, le rustre, l'homme grossier. Dans la première scène du *Tartuffe*, Damis traitait le faux dévot de « pied-plat » (v. 59). La reprise de cette qualification injurieuse confirme les liens qui font de l'adversaire d'Alceste un second Tartuffe. Du *Tartuffe* interdit au *Misanthrope*, le procès de l'imposture se poursuit.
2. *Ne voit pour lui personne* : ne trouve aucun garant.

PHILINTE

Mon Dieu, des mœurs du temps mettons-nous moins en 145
[peine,
Et faisons un peu grâce à la nature humaine ;
Ne l'examinons point dans la grande rigueur,
Et voyons ses défauts avec quelque douceur.
Il faut, parmi le monde, une vertu traitable ;
À force de sagesse, on peut être blâmable ; 150
La parfaite raison fuit toute extrémité,
Et veut que l'on soit sage avec sobriété[1].
Cette grande roideur des vertus des vieux âges
Heurte trop notre siècle et les communs usages ;
Elle veut aux mortels trop de perfection : 155
Il faut fléchir au temps[2] sans obstination ;
Et c'est une folie à nulle autre seconde
De vouloir se mêler de corriger le monde.
J'observe, comme vous, cent choses tous les jours,
Qui pourraient mieux aller, prenant un autre cours ; 160
Mais quoi qu'à chaque pas je puisse voir paraître,
En courroux, comme vous, on ne me voit point être ;
Je prends tout doucement les hommes comme ils sont,

1. La maxime de Philinte fait écho à un précepte de saint Paul
dans l'*Épître aux Romains* (XII, 3) : « Non plus sapere quam
oportet sapere, sed sapere ad sobrietatem », formule que Montaigne avait traduite en ces termes dans le chapitre 30 du livre I des
Essais, « De la modération » : « Ne soyez pas plus sages qu'il ne
faut, mais soyez sobrement sages. »
2. *Fléchir au temps* : se plier, se soumettre aux « communs
usages » (v. 154). Comme l'adjectif *traitable* (v. 149), le verbe
fléchir est un mot clé de la sagesse de Philinte, qui tend à corriger
la « roideur » excessive d'Alceste.

J'accoutume mon âme à souffrir ce qu'ils font ;
165 Et je crois qu'à la cour, de même qu'à la ville,
Mon flegme[1] est philosophe autant que votre bile.

ALCESTE

Mais ce flegme, Monsieur, qui raisonne si bien,[2]
Ce flegme pourra-t-il ne s'échauffer de rien ?
Et s'il faut, par hasard, qu'un ami vous trahisse,
170 Que, pour avoir vos biens, on dresse un artifice,
Ou qu'on tâche à semer de méchants bruits de vous,
Verrez-vous tout cela sans vous mettre en courroux ?

PHILINTE

Oui, je vois ces défauts dont votre âme murmure
Comme vices unis à l'humaine nature ;
175 Et mon esprit enfin n'est pas plus offensé
De voir un homme fourbe, injuste, intéressé,
Que de voir des vautours affamés de carnage,
Des singes malfaisants, et des loups pleins de rage[3].

---

1. *Flegme* : humeur dominante chez Philinte, le *flegme* (ou pituite) détermine un tempérament posé, calme, pondéré. *Flegme*, écrit Furetière, « se dit figurément de l'humeur d'un homme patient et pacifique qui se met difficilement en colère ».
2. *VAR* : « Mais ce flegme, Monsieur, qui *raisonnez* si bien » (1674, 1682, 1734).
3. La Bruyère fera le même constat amer dans ses *Caractères*, en tête du chapitre « De l'homme » : « Ne nous emportons point contre les hommes en voyant leur dureté, leur ingratitude, leur injustice, leur fierté, l'amour d'eux-mêmes et l'oubli des autres : ils sont ainsi faits, c'est leur nature, c'est ne pouvoir supporter que la pierre tombe, ou que le feu s'élève. »

ALCESTE

Je me verrai trahir, mettre en pièces, voler,
Sans que je sois... Morbleu ! je ne veux point parler,   180
Tant ce raisonnement est plein d'impertinence.

PHILINTE

Ma foi ! vous ferez bien de garder le silence.
Contre votre partie éclatez un peu moins,
Et donnez au procès une part de vos soins.

ALCESTE

Je n'en donnerai point, c'est une chose dite.   185

PHILINTE

Mais qui voulez-vous donc qui pour vous sollicite[1] ?

ALCESTE

Qui je veux ? La raison, mon bon droit, l'équité.

PHILINTE

Aucun juge par vous ne sera visité ?

---

1. *Solliciter*, c'est intervenir auprès du juge, ou faire intervenir une personne influente ou une jolie femme, pour recommander une cause et gagner la bienveillance du magistrat. Cette pratique, dont on critiquera les abus à la fin du siècle, était alors admise et considérée comme une civilité nécessaire. Ici comme ailleurs, le refus d'Alceste de se conformer à l'usage relève de la « bizarrerie ».

ALCESTE

Non. Est-ce que ma cause est injuste ou douteuse ?

PHILINTE

190 J'en demeure d'accord ; mais la brigue est fâcheuse,
Et...

ALCESTE

    Non : j'ai résolu de n'en pas faire un pas.
J'ai tort, ou j'ai raison.

PHILINTE

             Ne vous y fiez pas.

ALCESTE

Je ne remuerai point.

PHILINTE

             Votre partie est forte,
Et peut, par sa cabale, entraîner...

ALCESTE

                Il n'importe.

PHILINTE

195 Vous vous tromperez.

ALCESTE

          Soit. J'en veux voir le succès.

PHILINTE

Mais...

ALCESTE

J'aurai le plaisir de perdre mon procès.

PHILINTE

Mais enfin...

ALCESTE

Je verrai, dans cette plaiderie[1],
Si les hommes auront assez d'effronterie,
Seront assez méchants, scélérats et pervers,
Pour me faire injustice aux yeux de l'univers.   200

PHILINTE

Quel homme !

ALCESTE

Je voudrais, m'en coûtât-il grand-chose,
Pour la beauté du fait avoir perdu ma cause.

PHILINTE

On se rirait de vous, Alceste, tout de bon,
Si l'on vous entendait parler de la façon.

---

1. *Plaiderie* : d'un emploi plus rare que *plaidoirie*, *plaiderie* prend aussi le sens général de procès, mais s'accompagne ici d'une nuance de mépris.

ALCESTE

205 Tant pis pour qui rirait.

PHILINTE

                              Mais cette rectitude
Que vous voulez en tout avec exactitude,
Cette pleine droiture, où vous vous renfermez,
La trouvez-vous ici dans ce que vous aimez ?
Je m'étonne, pour moi, qu'étant, comme il le semble,
210 Vous et le genre humain si fort brouillés ensemble,
Malgré tout ce qui peut vous le rendre odieux,
Vous ayez pris chez lui ce qui charme vos yeux ;
Et ce qui me surprend encore davantage,
C'est cet étrange choix où votre cœur s'engage.
215 La sincère Éliante a du penchant pour vous,
La prude Arsinoé vous voit d'un œil fort doux :
Cependant à leurs vœux votre âme se refuse,
Tandis qu'en ses liens Célimène l'amuse,
De qui l'humeur coquette et l'esprit médisant
220 Semblent[1] si fort donner dans les mœurs d'à présent.
D'où vient que, leur portant une haine mortelle,
Vous pouvez bien souffrir ce qu'en tient[2] cette belle ?
Ne sont-ce plus défauts dans un objet si doux ?
Ne les voyez-vous pas ? ou les excusez-vous ?

    1. *Semblent* : nous rétablissons le pluriel là où les éditions an-
ciennes, conformément à l'usage du XVIIᵉ siècle, accordent le
verbe avec le sujet le plus rapproché et emploient le singulier.
    2. *Ce qu'en tient* : ce que cette belle incarne des « mœurs d'à
présent ».

ALCESTE

Non, l'amour que je sens pour cette jeune veuve
Ne ferme point mes yeux aux défauts qu'on lui treuve[1],
Et je suis, quelque ardeur qu'elle m'ait pu donner,
Le premier à les voir, comme à les condamner.
Mais, avec tout cela, quoi que je puisse faire,
Je confesse mon faible, elle a l'art de me plaire :
J'ai beau voir ses défauts, et j'ai beau l'en blâmer,
En dépit qu'on en ait, elle se fait aimer ;
Sa grâce est la plus forte ; et sans doute ma flamme
De ces vices du temps pourra purger son âme.

PHILINTE

Si vous faites cela, vous ne ferez pas peu.
Vous croyez être donc aimé d'elle ?

ALCESTE

                            Oui, parbleu !
Je ne l'aimerais pas, si je ne croyais l'être.

PHILINTE

Mais si son amitié pour vous se fait paraître,
D'où vient que vos rivaux vous causent de l'ennui ?

1. *Treuve* : cette forme archaïque était devenue une licence poétique et, comme telle, avait reçu, non sans réserve, l'approbation de Vaugelas (*Remarques sur la langue française*, CXXXVII). Thomas Corneille estimera en 1687 que « les poètes qui disent *treuver* [...] font une faute ».

ALCESTE

240 C'est qu'un cœur bien atteint veut qu'on soit tout à lui,
Et je ne viens ici qu'à dessein de lui dire
Tout ce que là-dessus ma passion m'inspire.

PHILINTE

Pour moi, si je n'avais qu'à former des désirs,
La cousine Éliante aurait tous mes soupirs ;
245 Son cœur, qui vous estime, est solide et sincère,
Et ce choix plus conforme était mieux votre affaire.

ALCESTE

Il est vrai : ma raison me le dit chaque jour ;
Mais la raison n'est pas ce qui règle l'amour.

PHILINTE

Je crains fort pour vos feux ; et l'espoir où vous êtes
250 Pourrait...

SCÈNE II

ORONTE, ALCESTE, PHILINTE

ORONTE [, *à Alceste*. 1734]

J'ai su là-bas[1] que, pour quelques emplettes,

1. *Là-bas* : la salle du rez-de-chaussée, ou « salle basse ». L'appartement de Célimène se situe au premier étage, conformément aux usages du grand monde : c'est là que sont reçus, dans une « chambre » (salon), les visiteurs de qualité. Voir p. 159, n. 2.

Éliante est sortie, et Célimène aussi ;
Mais comme l'on m'a dit que vous étiez ici,
J'ai monté pour vous dire, et d'un cœur véritable,
Que j'ai conçu pour vous une estime incroyable,
Et que, depuis longtemps, cette estime m'a mis   255
Dans un ardent désir d'être de vos amis.
Oui, mon cœur au mérite aime à rendre justice,
Et je brûle qu'un nœud d'amitié nous unisse :
Je crois qu'un ami chaud, et de ma qualité,
N'est pas assurément pour être rejeté.   260
C'est à vous, s'il vous plaît, que ce discours s'adresse.

*(En cet endroit Alceste paraît tout rêveur,
et semble n'entendre pas qu'Oronte lui parle.)*

ALCESTE

À moi, Monsieur ?

ORONTE

À vous. Trouvez-vous qu'il vous
[blesse ?

ALCESTE

Non pas ; mais la surprise est fort grande pour moi,
Et je n'attendais pas l'honneur que je reçois.

ORONTE

L'estime où je vous tiens ne doit point vous surprendre, 265
Et de tout l'univers vous la pouvez prétendre.

ALCESTE

Monsieur...

ORONTE

        L'État[1] n'a rien qui ne soit au-dessous
Du mérite éclatant que l'on découvre en vous.

ALCESTE

Monsieur...

ORONTE

        Oui, de ma part, je vous tiens préférable
270 À tout ce que j'y vois de plus considérable.

ALCESTE

Monsieur...

ORONTE

        Sois-je du ciel écrasé, si je mens !
Et pour vous confirmer ici mes sentiments,
Souffrez qu'à cœur ouvert, Monsieur, je vous embrasse,
Et qu'en votre amitié je vous demande place.
275 Touchez là[2], s'il vous plaît. Vous me la promettez,
Votre amitié ?

    1. *L'État* : le royaume, et plus particulièrement les officiers qui
ont des responsabilités gouvernementales ou administratives. Alceste, selon Oronte, est digne des plus hauts emplois.
    2. *Touchez là* : « [...] on a coutume de se toucher dans la main
pour conclure un marché, ou en signe de bienveillance » (F.).

ALCESTE

Monsieur...

ORONTE

Quoi ? vous y résistez ?

ALCESTE

Monsieur, c'est trop d'honneur que vous me voulez faire ;
Mais l'amitié demande un peu plus de mystère,
Et c'est assurément en profaner le nom
Que de vouloir le mettre à toute occasion.   280
Avec lumière et choix cette union veut naître ;
Avant que nous lier, il faut nous mieux connaître ;
Et nous pourrions avoir telles complexions
Que tous deux du marché nous nous repentirions.

ORONTE

Parbleu ? c'est là-dessus parler en homme sage,   285
Et je vous en estime encore davantage :
Souffrons donc que le temps forme des nœuds si doux ;
Mais, cependant, je m'offre entièrement à vous :
S'il faut faire à la cour pour vous quelque ouverture,
On sait qu'auprès du Roi je fais quelque figure ;   290
Il m'écoute ; et dans tout, il en use, ma foi !
Le plus honnêtement du monde avecque[1] moi.

1. *Avecque* : Vaugelas (Remarque CCLXVIII) approuvait les
deux formes, *avec* et *avecque*, aussi bien en prose qu'en poésie,
et recommandait notamment l'emploi de la forme *avecque* devant
un mot commençant par *m* (*avecque moi, avecque mes amis*).
Thomas Corneille observe, en 1687, que l'usage d'*avec* tend à
s'imposer : « et quoique une syllabe de plus soit commode pour
les vers, il y en a beaucoup qui évitent de mettre *avecque* en poésie. »

Enfin je suis à vous de toutes les manières ;
Et comme votre esprit a de grandes lumières,
295 Je viens, pour commencer entre nous ce beau nœud,
Vous montrer un sonnet que j'ai fait depuis peu,
Et savoir s'il est bon qu'au public je l'expose.

ALCESTE

Monsieur, je suis mal propre à décider la chose ;
Veuillez m'en dispenser.

ORONTE

Pourquoi ?

ALCESTE

J'ai le défaut
300 D'être un peu plus sincère en cela qu'il ne faut.

ORONTE

C'est ce que je demande, et j'aurais lieu de plainte,
Si, m'exposant à vous[1] pour me parler sans feinte,
Vous alliez me trahir, et me déguiser rien.

ALCESTE

Puisqu'il vous plaît ainsi, Monsieur, je le veux bien.

ORONTE

305 *Sonnet...* C'est un sonnet. *L'espoir...* C'est une dame
Qui de quelque espérance avait flatté ma flamme.

1. *M'exposant à vous* : alors que je me livre à vous afin que
vous me parliez franchement.

L'espoir... Ce ne sont point de ces grands vers pompeux,
Mais de petits vers doux, tendres et langoureux.

(À toutes ces interruptions il regarde Alceste.)

ALCESTE

Nous verrons bien.

ORONTE

L'espoir... Je ne sais si le style
Pourra vous en paraître assez net et facile,
Et si du choix des mots vous vous contenterez.

ALCESTE

Nous allons voir, Monsieur.

ORONTE

Au reste, vous saurez
Que je n'ai demeuré qu'un quart d'heure à le faire.

ALCESTE

Voyons, Monsieur ; le temps ne fait rien à l'affaire[1].

---

1. Cette réplique fameuse a été rapprochée par Despois-Mes-nard (édition des Grands Écrivains de la France, t. V, p. 461) d'un passage de la satire XVIII de Du Lorens (2e éd., 1646, p. 137) :

On ne demande point, lorsqu'on voit un tableau
Qui donne dans la vue et que l'on trouve beau,
Quel temps l'excellent peintre aurait mis à le faire,
Étant vrai que cela ne fait rien à l'affaire.

ORONTE [*lit.* 1734]

315   *L'espoir, il est vrai, nous soulage,*
        Et nous berce un temps notre ennui,
        Mais, Philis, le triste avantage,
        Lorsque rien ne marche après lui !

PHILINTE

Je suis déjà charmé de ce petit morceau.

ALCESTE [, *bas.* 1682. — *Bas, à Philinte.* 1734]

320   Quoi ? vous avez le front de trouver cela beau ?

ORONTE

        Vous eûtes de la complaisance ;
        Mais vous en deviez moins avoir,
        Et ne vous pas mettre en dépense
        Pour ne me donner que l'espoir.

PHILINTE

325   Ah ! qu'en termes galants ces choses-là sont mises !

ALCESTE, *bas.* [*Bas, à Philinte.* 1734]

Morbleu ! vil complaisant, vous louez des sottises ?

ORONTE

        S'il faut qu'une attente éternelle
        Pousse à bout l'ardeur de mon zèle,
        Le trépas sera mon recours.

> *Vos soins ne m'en peuvent distraire :*   330
> *Belle Philis, on désespère,*
> *Alors qu'on espère toujours*[1].

PHILINTE

La chute[2] en est jolie, amoureuse, admirable.

ALCESTE, *bas* [, *à part.* 1734]

La peste de ta chute ! Empoisonneur au diable[3],
En eusses-tu fait une à te casser le nez !   335

PHILINTE

Je n'ai jamais ouï de vers si bien tournés.

ALCESTE, *bas* [, *à part.* 1734]

Morbleu !...

ORONTE [, *à Philinte.* 1734]

Vous me flattez, et vous croyez peut-être...

---

1. Cette pointe précieuse sur l'espérance et le désespoir amoureux, qui apparaît notamment dans *Le Cid* (I, 3, v. 129) et dans *Astrate* de Quinault (III, 2, v. 792), ne saurait prétendre à l'originalité. Le sonnet d'Oronte, si conforme aux usages de la poésie de salon, fut admiré des courtisans lors de la première représentation : « à la première lecture », écrit Grimarest, « ils en furent saisis ; ils le trouvèrent admirable ; ce ne furent qu'exclamations. Et peu s'en fallut qu'ils ne trouvassent fort mauvais que le Misanthrope fît voir que ce sonnet était détestable » (Mongrédien, *Recueil des textes relatifs à Molière*, t. I, p. 264).
2. *La chute* : la pointe finale du poème galant.
3. *Au diable* : digne d'aller au diable (cf. v. 1473).

PHILINTE

Non, je ne flatte point.

ALCESTE, *bas* [, *à part.* 1734]

Et que fais-tu donc, traître ?

ORONTE

Mais, pour vous, vous savez quel est notre traité :
340 Parlez-moi, je vous prie, avec sincérité.

ALCESTE

Monsieur, cette matière est toujours délicate,
Et sur le bel esprit nous aimons qu'on nous flatte.
Mais un jour, à quelqu'un, dont je tairai le nom,
Je disais, en voyant des vers de sa façon,
345 Qu'il faut qu'un galant homme ait toujours grand empire
Sur les démangeaisons qui nous prennent d'écrire ;
Qu'il doit tenir la bride aux grands empressements
Qu'on a de faire éclat de tels amusements ;
Et que, par la chaleur de montrer ses ouvrages,
350 On s'expose à jouer de mauvais personnages.

ORONTE

Est-ce que vous voulez me déclarer par là
Que j'ai tort de vouloir... ?

ALCESTE

Je ne dis pas cela[1] ;

---

1. La triple répétition de cette formule, « Je ne dis pas cela »,
renouvelle un procédé comique employé par Scarron dans le chapitre x de la seconde partie du *Roman comique*.

Mais je lui disais, moi, qu'un froid écrit assomme,
Qu'il ne faut que ce faible à décrier un homme,
Et qu'eût-on, d'autre part, cent belles qualités,   355
On regarde les gens par leurs méchants côtés.

ORONTE

Est-ce qu'à mon sonnet vous trouvez à redire ?

ALCESTE

Je ne dis pas cela ; mais, pour ne point écrire[1],
Je lui mettais aux yeux comme, dans notre temps,
Cette soif a gâté de fort honnêtes gens.   360

ORONTE

Est-ce que j'écris mal ? et leur ressemblerais-je ?

ALCESTE

Je ne dis pas cela ; mais enfin, lui disais-je,
Quel besoin si pressant avez-vous de rimer ?
Et qui diantre vous pousse à vous faire imprimer ?
Si l'on peut pardonner l'essor d'un mauvais livre,   365
Ce n'est qu'aux malheureux qui composent pour vivre.
Croyez-moi, résistez à vos tentations[2],
Dérobez au public ces occupations ;
Et n'allez point quitter, de quoi que l'on vous somme,
Le nom que dans la cour vous avez d'honnête homme,   370
Pour prendre, de la main d'un avide imprimeur,

1. *Pour ne point écrire* : pour le dissuader d'écrire.
2. L'édition de 1682 substitue *intentions* à *tentations*.

Celui de ridicule et misérable auteur[1].
C'est ce que je tâchai de lui faire comprendre.

ORONTE

Voilà qui va fort bien, et je crois vous entendre.
375 Mais ne puis-je savoir ce que dans mon sonnet... ?

ALCESTE

Franchement, il est bon à mettre au cabinet[2].
Vous vous êtes réglé sur de méchants modèles,
Et vos expressions ne sont point naturelles.

Qu'est-ce que *Nous berce un temps notre ennui ?*
380 Et que *Rien ne marche après lui ?*
Que *Ne vous pas mettre en dépense,*
Pour ne me donner que l'espoir ?
Et que *Philis, on désespère,*
Alors qu'on espère toujours ?
385 Ce style figuré, dont on fait vanité,

1. C'est en des termes bien proches de ceux de Molière que
Guez de Balzac, dans une lettre à Chapelain datée du 23 novembre 1637 et publiée en 1656, fustigeait la prétention d'un
homme du monde à passer pour écrivain : « Est-il possible qu'un
homme qui n'a pas appris l'art d'écrire et à qui il n'a point été
fait de commandement de par le roi, et sur peine de la vie, de
faire des livres, veuille quitter son rang d'honnête homme qu'il
tient dans le monde, pour aller prendre celui d'impertinent et de
ridicule parmi les docteurs et les écoliers ? » (cité par Despois-
Mesnard, t. V, p. 466-467). À l'époque du *Misanthrope*, la satire
de la prétention ridicule des rimeurs de salon trouve un écho précis dans la deuxième partie du *Roman bourgeois* de Furetière
(1666), où les vers « à la cavalière » font l'objet d'une âpre
censure.
2. Voir Lexique, p. 222.

Sort du bon caractère et de la vérité :
Ce n'est que jeux de mots, qu'affectation pure,
Et ce n'est point ainsi que parle la nature.
Le méchant goût du siècle, en cela, me fait peur.
Nos pères, tous grossiers [1], l'avaient beaucoup meilleur,   390
Et je prise bien moins tout ce que l'on admire,
Qu'une vieille chanson que je m'en vais vous dire :

> *Si le Roi m'avait donné*
> *Paris, sa grand'ville,*
> *Et qu'il me fallût quitter*   395
> *L'amour de ma mie,*
> *Je dirais au roi Henri :*
> *« Reprenez votre Paris :*
> *J'aime mieux ma mie, au gué !*
> *J'aime mieux ma mie [2]. »*   400

La rime n'est pas riche, et le style en est vieux :
Mais ne voyez-vous pas que cela vaut bien mieux
Que ces colifichets [3], dont le bon sens murmure,
Et que la passion parle là toute pure ?

> *Si le Roi m'avait donné*   405
> *Paris, sa grand'ville,*
> *Et qu'il me fallût quitter*

---

1. *Tous grossiers* : tout grossiers qu'ils étaient (l'accord de *tout* est conforme à l'usage du XVIIe siècle).
2. Cette « vieille chanson », au contraire du sonnet d'Oronte, n'est pas de l'invention de Molière. Elle est d'origine incertaine, mais le refrain apparaît dans plusieurs chansons anciennes. Alceste, selon toute vraisemblance, se borne à réciter les paroles (cf. v. 392 : « que je m'en vais vous dire »), en en faisant ressortir « la passion [...] toute pure ».
3. *Colifichets* : objets décoratifs de peu de valeur.

> *L'amour de ma mie,*
> *Je dirais au roi Henri :*
410 > *« Reprenez votre Paris :*
> *J'aime mieux ma mie, au gué !*
> *J'aime mieux ma mie. »*

Voilà ce que peut dire un cœur vraiment épris.

(À Philinte.) [*qui rit. 1734*]

Oui, Monsieur le rieur, malgré vos beaux esprits,
415 J'estime plus cela que la pompe fleurie
De tous ces faux brillants, où chacun se récrie.

ORONTE

Et moi, je vous soutiens que mes vers sont fort bons.

ALCESTE

Pour les trouver ainsi vous avez vos raisons ;
Mais vous trouverez bon que j'en puisse avoir d'autres,
420 Qui se dispenseront de se soumettre aux vôtres.

ORONTE

Il me suffit de voir que d'autres en font cas.

ALCESTE

C'est qu'ils ont l'art de feindre ; et moi, je ne l'ai pas.

ORONTE

Croyez-vous donc avoir tant d'esprit en partage ?

ALCESTE

Si je louais vos vers, j'en aurais davantage.

ORONTE

Je me passerai bien[1] que vous les approuviez.   425

ALCESTE

Il faut bien, s'il vous plaît, que vous vous en passiez.

ORONTE

Je voudrais bien, pour voir, que, de votre manière,
Vous en composassiez sur la même matière.

ALCESTE

J'en pourrais, par malheur, faire d'aussi méchants
Mais je me garderais de les montrer aux gens.   430

ORONTE

Vous me parlez bien ferme, et cette suffisance...

ALCESTE

Autre part que chez moi cherchez qui vous encense.

ORONTE

Mais, mon petit Monsieur, prenez-le[2] un peu moins haut.

1. *VAR* : « Je me passerai fort » (1682, 1734).
2. Élision, courante au XVIIᵉ siècle, du pronom *le* devant une voyelle (cf. II, 5, v. 748).

ALCESTE

Ma foi ! mon grand Monsieur, je le prends comme il faut.

PHILINTE, *se mettant entre deux.*

435 Eh ! Messieurs, c'en est trop : laissez cela, de grâce.

ORONTE

Ah ! j'ai tort, je l'avoue, et je quitte la place.
Je suis votre valet [1], Monsieur, de tout mon cœur.

ALCESTE

Et moi, je suis, Monsieur, votre humble serviteur.

SCÈNE III

PHILINTE, ALCESTE

PHILINTE

Hé bien ! vous le voyez : pour être trop sincère,
440 Vous voilà sur les bras une fâcheuse affaire,
Et j'ai bien vu qu'Oronte, afin d'être flatté...

---

1. Oronte use à dessein, pour colorer son propos d'ironie mé-
prisante, d'une formule d'adieu exagérément modeste, utilisée surtout par la bourgeoisie. La formule employée par Alceste, « Je
suis votre serviteur », correspond à l'usage des gens du monde :
mais l'épithète « humble » répond, ironie pour ironie, à la modes-
tie affectée d'Oronte.

ALCESTE

Ne me parlez pas.

PHILINTE

Mais...

ALCESTE

Plus de société.

PHILINTE

C'est trop...

ALCESTE

Laissez-moi là.

PHILINTE

Si je...

ALCESTE

Point de langage.

PHILINTE

Mais quoi...

ALCESTE

Je n'entends rien.

PHILINTE

Mais...

ALCESTE

Encore ?

PHILINTE

On outrage

ALCESTE

445 Ah, parbleu ! c'en est trop ; ne suivez point mes pas.

PHILINTE

Vous vous moquez de moi, je ne vous quitte pas.

ACTE II

SCÈNE PREMIÈRE

ALCESTE, CÉLIMÈNE

ALCESTE

Madame, voulez-vous que je vous parle net ?
De vos façons d'agir je suis mal satisfait ;
Contre elles dans mon cœur trop de bile s'assemble,
Et je sens qu'il faudra que nous rompions ensemble.
Oui, je vous tromperais de parler autrement ;
Tôt ou tard nous romprons indubitablement ;
Et je vous promettrais mille fois le contraire,
Que je ne serais pas en pouvoir de le faire.

CÉLIMÈNE

C'est pour me quereller donc, à ce que je vois,

Que vous avez voulu me ramener chez moi ?

ALCESTE

Je ne querelle point ; mais votre humeur, Madame,
Ouvre au premier venu trop d'accès dans votre âme :
Vous avez trop d'amants qu'on voit vous obséder[1],
460 Et mon cœur de cela ne peut s'accommoder.

CÉLIMÈNE

Des amants que je fais me rendez-vous coupable ?
Puis-je empêcher les gens de me trouver aimable ?
Et lorsque pour me voir ils font de doux efforts,
Dois-je prendre un bâton pour les mettre dehors ?

ALCESTE

465 Non, ce n'est pas, Madame, un bâton qu'il faut prendre,
Mais un cœur à leurs vœux moins facile et moins tendre.
Je sais que vos appas vous suivent en tous lieux ;
Mais votre accueil retient ceux qu'attirent vos yeux ;
Et sa douceur offerte à qui vous rend les armes
470 Achève sur les cœurs l'ouvrage de vos charmes.
Le trop riant espoir que vous leur présentez
Attache autour de vous leurs assiduités ;
Et votre complaisance un peu moins étendue
De tant de soupirants chasserait la cohue.
475 Mais au moins dites-moi, Madame, par quel sort
Votre Clitandre a l'heur de vous plaire si fort ?
Sur quel fonds de mérite et de vertu sublime

---

1. *Obséder* : entourer assidûment, assiéger (lat. *obsidere*), sans
idée d'importunité.

Appuyez-vous en lui l'honneur de votre estime ?
Est-ce par l'ongle long qu'il porte au petit doigt[1]
Qu'il s'est acquis chez vous l'estime où l'on le voit ?   480
Vous êtes-vous rendue, avec tout le beau monde,
Au mérite éclatant de sa perruque blonde[2] ?
Sont-ce ses grands canons[3] qui vous le font aimer ?
L'amas de ses rubans a-t-il su vous charmer ?
Est-ce par les appas de sa vaste rhingrave[4]   485
Qu'il a gagné votre âme en faisant votre esclave ?
Ou sa façon de rire et son ton de fausset[5]
Ont-ils de vous toucher su trouver le secret ?

1. Cette mode mondaine est attestée par divers témoignages. Dans la IVᵉ des *Nouvelles tragi-comiques*, « Plus d'effets que de paroles » (1657), Scarron en fait un trait caractéristique du galant à la mode : « Il se piquait de belles mains, et s'était laissé croître l'ongle du petit doigt de la gauche jusqu'à une grandeur étonnante, ce qu'il croyait le plus galant du monde. » Un texte de 1661 reproduit par Éd. Fournier dans le tome VII des *Variétés historiques et littéraires* (p. 94) évoque « la belle mode qui courut parmi nos godelureaux, il y a quelque temps, de laisser croître l'ongle du petit doigt ».
2. Cette perruque blonde fait de Clitandre un « blondin » à la mode. « Les coquettes », écrit Furetière, « aiment fort les blondins ».
3. *Canon* : « [...] ornement de toile rond fort large, et souvent orné de dentelle, qu'on attache au-dessous du genou, qui pend jusqu'à la moitié de la jambe pour la couvrir » (F.). La mode est aux « grands canons », et Mascarille, dans *Les Précieuses ridicules*, se pique d'aller, sur ce point, au-delà de tout ce qui se fait (scène 9).
4. *Rhingrave* : « [...] culotte, ou haut de chausse, fort ample, attachée aux bas avec plusieurs rubans, dont un Rhingrave ou prince allemand a amené la mode en France il y a quelque temps » (F.).
5. *Fausset* : voix de tête, qui achève de donner au blondin Clitandre des manières efféminées.

CÉLIMÈNE

Qu'injustement de lui vous prenez de l'ombrage !
490 Ne savez-vous pas bien pourquoi je le ménage,
Et que dans mon procès, ainsi qu'il m'a promis,
Il peut intéresser tout ce qu'il a d'amis ?

ALCESTE

Perdez votre procès, Madame, avec constance,
Et ne ménagez point un rival qui m'offense.

CÉLIMÈNE

495 Mais de tout l'univers vous devenez jaloux.

ALCESTE

C'est que tout l'univers est bien reçu de vous.

CÉLIMÈNE

C'est ce qui doit rasseoir votre âme effarouchée,
Puisque ma complaisance est sur tous épanchée ;
Et vous auriez plus lieu de vous en offenser,
500 Si vous me la voyiez sur un seul ramasser.

ALCESTE

Mais moi, que vous blâmez de trop de jalousie,
Qu'ai-je de plus qu'eux tous, Madame, je vous prie ?

CÉLIMÈNE

Le bonheur de savoir que vous êtes aimé.

ALCESTE

Et quel lieu de le croire a mon cœur enflammé ?

CÉLIMÈNE

Je pense qu'ayant pris le soin de vous le dire,   505
Un aveu de la sorte a de quoi vous suffire.

ALCESTE

Mais qui m'assurera que, dans le même instant,
Vous n'en disiez peut-être aux autres tout autant ?

CÉLIMÈNE

Certes, pour un amant, la fleurette est mignonne,
Et vous me traitez là de gentille personne[1].   510
Hé bien ! pour vous ôter d'un semblable souci,
De tout ce que j'ai dit je me dédis ici,
Et rien ne saurait plus vous tromper que vous-même :
Soyez content.

ALCESTE

            Morbleu ! faut-il que je vous aime ?
Ah ! que si de vos mains je rattrape mon cœur,   515
Je bénirai le Ciel de ce rare bonheur !
Je ne le cèle pas, je fais tout mon possible
À rompre de ce cœur l'attachement terrible ;
Mais mes plus grands efforts n'ont rien fait jusqu'ici,

1. « *Gentil* se prend quelquefois en mauvaise part avec certains
mots comme : Vous êtes un *gentil* compagnon ; vous jouez un
gentil personnage, pour dire : vous faites un vilain métier » (F.).

520 Et c'est pour mes péchés [1] que je vous aime ainsi.

CÉLIMÈNE

Il est vrai, votre ardeur est pour moi sans seconde.

ALCESTE

Oui, je puis là-dessus défier tout le monde.
Mon amour ne se peut concevoir, et jamais
Personne n'a, Madame, aimé comme je fais.

CÉLIMÈNE

525 En effet, la méthode en est toute nouvelle,
Car vous aimez les gens pour leur faire querelle ;
Ce n'est qu'en mots fâcheux qu'éclate votre ardeur,
Et l'on n'a vu jamais un amour si grondeur [2].

ALCESTE

Mais il ne tient qu'à vous que son chagrin ne passe.
530 À tous nos démêlés coupons chemin [3], de grâce,
Parlons à cœur ouvert, et voyons d'arrêter...

---

1. *Pour mes péchés* : pour expier mes péchés.
2. *VAR* : « un *amant* si grondeur » (1674, 1682, 1734). Cette courte réplique de Célimène résume le portrait des amants jaloux que dessinait Orante dans la scène 4 de l'acte II des *Fâcheux*.
3. *Couper chemin* : « on dit aussi *couper chemin* à une maladie, à un procès, pour dire la prévenir, ou en empêcher le cours » (F.).

SCÈNE II

CÉLIMÈNE, ALCESTE, BASQUE

CÉLIMÈNE

Qu'est-ce ?

BASQUE

Acaste est là-bas [1].

CÉLIMÈNE

Hé bien ! faites monter.

ALCESTE

Quoi ? l'on ne peut jamais vous parler tête à tête ?
À recevoir le monde on vous voit toujours prête ?
Et vous ne pouvez pas, un seul moment de tous,   535
Vous résoudre à souffrir de n'être pas chez vous ?

CÉLIMÈNE

Voulez-vous qu'avec lui je me fasse une affaire ?

ALCESTE

Vous avez des regards [2] qui ne sauraient me plaire.

1. *Là-bas* : voir p. 62, n. 1.
2. *Des regards* : des attentions. Les éditions de 1682 et de 1734 substituent à cet emploi vieilli le mot *égards*.

CÉLIMÈNE

C'est un homme à jamais ne me le pardonner,
540 S'il savait que sa vue eût pu m'importuner.

ALCESTE

Et que vous fait cela, pour vous gêner de sorte... ?

CÉLIMÈNE

Mon Dieu ! de ses pareils la bienveillance importe ;
Et ce sont de ces gens qui, je ne sais comment,
Ont gagné dans la cour de parler hautement.
545 Dans tous les entretiens on les voit s'introduire ;
Ils ne sauraient servir, mais ils peuvent vous nuire ;
Et jamais, quelque appui qu'on puisse avoir d'ailleurs,
On ne doit se brouiller avec ces grands brailleurs[1].

ALCESTE

Enfin, quoi qu'il en soit, et sur quoi qu'on se fonde,
550 Vous trouvez des raisons pour souffrir tout le monde ;
Et les précautions de votre jugement...

---

1. « *Brailleur* : qui hâble, qui parle hautement et avec liberté de toutes choses » (F.). Le mot est vif, mais il n'est pas spécifiquement populaire. On use aussi du mot *braillard* (voir *La Princesse d'Élide*, Premier intermède, scène 2, où les deux formes sont utilisées par Lyciscas).

SCÈNE III

BASQUE, ALCESTE, CÉLIMÈNE

BASQUE

Voici Clitandre encor, Madame.

ALCESTE. *Il témoigne s'en vouloir aller.*

Justement[1].

CÉLIMÈNE

Où courez-vous ?

ALCESTE

Je sors.

CÉLIMÈNE

Demeurez.

ALCESTE

Pour quoi faire ?

CÉLIMÈNE

Demeurez.

1. *Justement* : à point nommé ; l'irritation d'Alceste prend un tour ironique.

ALCESTE

Je ne puis.

CÉLIMÈNE

Je le veux.

ALCESTE

Point d'affaire[1]

555 Ces conversations ne font que m'ennuyer,
Et c'est trop que vouloir me les faire essuyer.

CÉLIMÈNE

Je le veux, je le veux.

ALCESTE

Non, il m'est impossible.

CÉLIMÈNE

Hé bien ! allez, sortez, il vous est tout loisible.

---

1. *Point d'affaire* : c'est inutile.

SCÈNE IV

ÉLIANTE, PHILINTE, ACASTE, CLITANDRE, ALCESTE,
CÉLIMÈNE, BASQUE

ÉLIANTE [, *à Célimène.* 1734]

Voici les deux marquis qui montent avec nous :
Vous l'est-on venu dire ?   560

CÉLIMÈNE

Oui. Des sièges pour tous[1].

(À Alceste.)

Vous n'êtes pas sorti ?

ALCESTE

Non ; mais je veux, Madame,
Ou pour eux, ou pour moi, faire expliquer votre âme.

CÉLIMÈNE

Taisez-vous.

ALCESTE

Aujourd'hui vous vous expliquerez.

1. L'édition de 1734 détaille ainsi le jeu de scène : « Oui. *À Basque.* Des sièges pour tous. *Basque donne des sièges et sort.* »

CÉLIMÈNE

Vous perdez le sens.

ALCESTE

Point. Vous vous déclarerez.

CÉLIMÈNE

565 Ah !

ALCESTE

Vous prendrez parti.

CÉLIMÈNE

Vous vous moquez, je pense.

ALCESTE

Non ; mais vous choisirez : c'est trop de patience.

CLITANDRE

Parbleu ! je viens du Louvre, où Cléonte, au levé [1],
Madame, a bien paru ridicule achevé.
N'a-t-il point quelque ami qui pût, sur ses manières,
570 D'un charitable avis lui prêter les lumières ?

---

1. Sans doute s'agit-il du « petit levé », auquel seuls sont admis
les officiers de la chambre du roi ; Clitandre fait aussi partie des
quelques privilégiés autorisés à assister au « petit couché »
(v. 739). À supposer que Clitandre ne se vante pas, ce personnage
ne se confond pas avec la foule des courtisans et désigne une
figure de premier rang à la cour.

CÉLIMÈNE

Dans le monde, à vrai dire, il se barbouille[1] fort ;
Partout il porte un air qui saute aux yeux d'abord ;
Et lorsqu'on le revoit après un peu d'absence,
On le retrouve encor plus plein d'extravagance.

ACASTE

Parbleu ! s'il faut parler de gens extravagants,   575
Je viens d'en essuyer un des plus fatigants :
Damon, le raisonneur, qui m'a, ne vous déplaise,
Une heure, au grand soleil, tenu hors de ma chaise[2].

CÉLIMÈNE

C'est un parleur étrange, et qui trouve toujours
L'art de ne vous rien dire avec de grands discours ;   580
Dans les propos qu'il tient, on ne voit jamais goutte,
Et ce n'est que du bruit que tout ce qu'on écoute.

ÉLIANTE, *à Philinte.*

Ce début n'est pas mal ; et contre le prochain
La conversation prend un assez bon train.

CLITANDRE

Timante encor, Madame, est un bon caractère[3].   585

---

1. *Se barbouiller* : se rendre ridicule.
2. *Chaise* : « [...] voiture pour aller assis et à couvert tant dans la ville qu'à la campagne » (F.). Il peut s'agir aussi d'une chaise à porteurs.
3. *Caractère* : type caractérisé, figure aux traits accusés.

CÉLIMÈNE

C'est de la tête aux pieds un homme tout mystère,
Qui vous jette en passant un coup d'œil égaré,
Et, sans aucune affaire, est toujours affairé.
Tout ce qu'il vous débite en grimaces abonde ;
590　À force de façons, il assomme le monde ;
Sans cesse, il a, tout bas, pour rompre l'entretien,
Un secret à vous dire, et ce secret n'est rien ;
De la moindre vétille il fait une merveille,
Et jusques au bonjour, il dit tout à l'oreille[1].

ACASTE

595　Et Géralde, Madame ?

CÉLIMÈNE

Ô l'ennuyeux conteur !
Jamais on ne le voit sortir du grand seigneur[2] ;
Dans le brillant commerce il se mêle sans cesse,
Et ne cite jamais que duc, prince ou princesse :
La qualité l'entête, et tous ses entretiens
600　Ne sont que de chevaux, d'équipage et de chiens ;

---

1. Une note manuscrite de Brossette donne, d'après Boileau, la clé de ce personnage « tout mystère », un certain M. de Saint-Gilles : « C'était un homme de la vieille cour, qui aimait fort Molière, et qui l'importunait souvent sans s'en apercevoir. Saint-Gilles était un homme fort mystérieux, qui ne parlait jamais que tout bas et à l'oreille, quelque chose qu'il eût à dire : aussi est-ce lui que Molière a peint dans son *Misanthrope*, acte II, scène 4 » (*Correspondance Boileau-Brossette*, éd. Lavardet, p. 523).
2. Comprenons que sa conversation roule uniquement sur des gens de la première qualité.

Il tutaye [1] en parlant ceux du plus haut étage,
Et le nom de Monsieur est chez lui hors d'usage.

CLITANDRE

On dit qu'avec Bélise il est du dernier bien.

CÉLIMÈNE

Le pauvre esprit de femme, et le sec entretien !
Lorsqu'elle vient me voir, je souffre le martyre :   605
Il faut suer sans cesse à chercher que lui dire,
Et la stérilité de son expression
Fait mourir à tous coups la conversation [2].
En vain, pour attaquer son stupide silence,
De tous les lieux communs vous prenez l'assistance :   610
Le beau temps et la pluie, et le froid et le chaud
Sont des fonds qu'avec elle on épuise bientôt.
Cependant sa visite, assez insupportable,
Traîne en une longueur encore épouvantable ;
Et l'on demande l'heure, et l'on bâille vingt fois,   615
Qu'elle grouille [3] aussi peu qu'une pièce de bois.

---

1. Molière a calqué la graphie sur la prononciation. Il est à noter que Géralde use du tutoiement familier lorsqu'il parle des grands, et non, semble-t-il, lorsqu'il s'adresse à eux.
2. Défaut majeur dans une société mondaine qui a fait de la conversation animée et enjouée une des formes privilégiées de l'art de plaire.
3. *Grouiller* : remuer. À ce verbe vigoureusement expressif, mais d'un registre délibérément méprisant, les éditions de 1682 et de 1734 substituent une expression plus plate : « Qu'elle *s'émeut autant* qu'une pièce de bois. »

ACASTE

Que vous semble d'Adraste ?

CÉLIMÈNE

                    Ah ! quel orgueil extrême !
C'est un homme gonflé de l'amour de soi-même.
Son mérite jamais n'est content de la cour :
620 Contre elle il fait métier de pester chaque jour,
Et l'on ne donne emploi, charge ni bénéfice,
Qu'à tout ce qu'il se croit on ne fasse injustice.

CLITANDRE

Mais le jeune Cléon, chez qui vont aujourd'hui
Nos plus honnêtes gens, que dites-vous de lui ?

CÉLIMÈNE

625 Que de son cuisinier il s'est fait un mérite,
Et que c'est à sa table à qui l'on rend visite.

ÉLIANTE

Il prend soin d'y servir des mets fort délicats.

CÉLIMÈNE

Oui ; mais je voudrais bien qu'il ne s'y servît pas :
C'est un fort méchant plat que sa sotte personne,
630 Et qui gâte, à mon goût, tous les repas qu'il donne.

PHILINTE

On fait assez de cas de son oncle Damis :
Qu'en dites-vous, Madame ?

CÉLIMÈNE

Il est de mes amis.

PHILINTE

Je le trouve honnête homme, et d'un air assez sage.

CÉLIMÈNE

Oui ; mais il veut avoir trop d'esprit, dont[1] j'enrage ;
Il est guindé sans cesse ; et dans tous ses propos,   635
On voit qu'il se travaille[2] à dire de bons mots.
Depuis que dans la tête il s'est mis d'être habile,
Rien ne touche son goût, tant il est difficile ;
Il veut voir des défauts à tout ce qu'on écrit,
Et pense que louer n'est pas d'un bel esprit,   640
Que c'est être savant que trouver à redire,
Qu'il n'appartient qu'aux sots d'admirer et de rire,
Et qu'en n'approuvant rien des ouvrages du temps,
Il se met au-dessus de tous les autres gens ;
Aux conversations même il trouve à reprendre :   645
Ce sont propos trop bas pour y daigner descendre ;
Et les deux bras croisés, du haut de son esprit
Il regarde en pitié tout ce que chacun dit.

ACASTE

Dieu me damne, voilà son portrait véritable.

1. *Dont* : ce dont.
2. *VAR* : « il se fatigue » (1682). La recherche et l'effort contredisent l'exigence de naturel, sans lequel il n'est pas de véritable élégance.

CLITANDRE [, *à Célimène.* 1734]

650 Pour bien peindre les gens vous êtes admirable.

ALCESTE

Allons, ferme, poussez[1], mes bons amis de cour ;
Vous n'en épargnez point, et chacun a son tour :
Cependant aucun d'eux à vos yeux ne se montre,
Qu'on ne vous voie, en hâte, aller à sa rencontre,
655 Lui présenter la main, et d'un baiser flatteur
Appuyer les serments d'être son serviteur.

CLITANDRE

Pourquoi s'en prendre à nous ? Si ce qu'on dit vous
　　　　　　　　　　　　　　　　　　[blesse,
Il faut que le reproche à Madame s'adresse.

ALCESTE

Non, morbleu ! c'est à vous ; et vos ris complaisants
660 Tirent de son esprit tous ces traits médisants.
Son humeur satirique est sans cesse nourrie
Par le coupable encens de votre flatterie ;
Et son cœur à railler trouverait moins d'appas,
S'il avait observé qu'on ne l'applaudît pas.
665 C'est ainsi qu'aux flatteurs on doit partout se prendre

---

1. *Pousser* : en escrime, c'est porter un coup ; par extension, attaquer, poursuivre, mener hardiment. « On dit [...] absolument *Poussez* pour dire : Continuez » (F.). Dans un sens proche, voir les expressions employées par Alceste au vers 682 (« pousser la satire ») et par Acaste au vers 789 (« pousser une affaire », c'est-à-dire soutenir un duel).

Des vices où l'on voit les humains se répandre[1].

PHILINTE

Mais pourquoi pour ces gens un intérêt si grand,
Vous qui condamneriez ce qu'en eux on reprend ?

CÉLIMÈNE

Et ne faut-il pas bien que Monsieur contredise ?
À la commune voix veut-on qu'il se réduise,   670
Et qu'il ne fasse pas éclater en tous lieux
L'esprit contrariant qu'il a reçu des cieux ?
Le sentiment d'autrui n'est jamais pour lui plaire ;
Il prend toujours en main l'opinion contraire,
Et penserait paraître un homme du commun,   675
Si l'on voyait qu'il fût de l'avis de quelqu'un.
L'honneur de contredire a pour lui tant de charmes,
Qu'il prend contre lui-même assez souvent les armes ;
Et ses vrais sentiments sont combattus par lui,
Aussitôt qu'il les voit dans la bouche d'autrui.   680

ALCESTE

Les rieurs sont pour vous, Madame, c'est tout dire,
Et vous pouvez pousser contre moi la satire.

PHILINTE

Mais il est véritable aussi que votre esprit
Se gendarme toujours contre tout ce qu'on dit,
Et que, par un chagrin que lui-même il avoue,   685
Il ne saurait souffrir qu'on blâme, ni qu'on loue.

1. *Se répandre* : céder, tomber.

ALCESTE

C'est que jamais, morbleu ! les hommes n'ont raison,
Que le chagrin contre eux est toujours de saison,
Et que je vois qu'ils sont, sur toutes les affaires,
690 Loueurs impertinents, ou censeurs téméraires.

CÉLIMÈNE

Mais...

ALCESTE

   Non, Madame, non : quand je devrais mourir,
Vous avez des plaisirs que je ne puis souffrir ;
Et l'on a tort ici de nourrir dans votre âme
Ce grand attachement aux défauts qu'on y blâme.

CLITANDRE

695 Pour moi, je ne sais pas, mais j'avouerai tout haut
Que j'ai cru jusqu'ici Madame sans défaut.

ACASTE

De grâces et d'attraits je vois qu'elle est pourvue ;
Mais les défauts qu'elle a ne frappent point ma vue.

ALCESTE

Ils frappent tous la mienne ; et loin de m'en cacher,
700 Elle sait que j'ai soin de les lui reprocher.
Plus on aime quelqu'un, moins il faut qu'on le flatte ;
À ne rien pardonner le pur amour éclate ;
Et je bannirais, moi, tous ces lâches amants
Que je verrais soumis à tous mes sentiments,

Et dont, à tous propos, les molles complaisances   705
Donneraient de l'encens à mes extravagances.

CÉLIMÈNE

Enfin, s'il faut qu'à vous s'en rapportent les cœurs,
On doit, pour bien aimer, renoncer aux douceurs,
Et du parfait amour mettre l'honneur suprême
À bien injurier les personnes qu'on aime.   710

ÉLIANTE

L'amour, pour l'ordinaire, est peu fait à ces lois,
Et l'on voit les amants vanter toujours leur choix ;
Jamais leur passion n'y voit rien de blâmable,
Et dans l'objet aimé tout leur devient aimable :
Ils comptent les défauts pour des perfections,   715
Et savent y donner de favorables noms.
La pâle est aux jasmins en blancheur comparable ;
La noire[1] à faire peur, une brune adorable ;
La maigre a de la taille et de la liberté ;
La grasse est dans son port pleine de majesté ;   720
La malpropre[2] sur soi, de peu d'attraits chargée,
Est mise sous le nom de beauté négligée ;
La géante paraît une déesse aux yeux ;
La naine, un abrégé des merveilles des cieux ;
L'orgueilleuse a le cœur digne d'une couronne ;   725
La fourbe a de l'esprit ; la sotte est toute bonne ;

1. *La noire* : à une époque où la blancheur du teint est un des canons de la beauté féminine, le hâle est l'ennemi de la grâce pour une femme du monde.
2. *Malpropre* : vêtue sans soin, dépourvue d'élégance dans son habillement.

La trop grande parleuse est d'agréable humeur ;
Et la muette garde une honnête pudeur.
C'est ainsi qu'un amant dont l'ardeur est extrême
730   Aime jusqu'aux défauts des personnes qu'il aime[1].

ALCESTE

Et moi, je soutiens, moi...

CÉLIMÈNE

Brisons là ce discours,
Et dans la galerie[2] allons faire deux tours.
Quoi ? vous vous en allez, Messieurs ?

CLITANDRE et ACASTE

Non pas, Madame.

ALCESTE

La peur de leur départ occupe fort votre âme.
735   Sortez quand vous voudrez, Messieurs ; mais j'avertis
Que je ne sors qu'après que vous serez sortis.

ACASTE

À moins de voir Madame en être importunée,
Rien ne m'appelle ailleurs de toute la journée.

1. La tirade d'Éliante est imitée d'un passage du livre IV du
De Natura rerum dont Ovide, dans le livre II de son *Art d'aimer*,
avait donné une transposition ironique. Molière avait entrepris de
traduire en vers et en prose le poème de Lucrèce. Cette traduction
est aujourd'hui perdue.
2. *Galerie* : « Lieu couvert d'une maison, qui est ordinairement
sur les ailes, où on se promène » (F.).

CLITANDRE

Moi, pourvu que je puisse être au petit couché[1],
Je n'ai point d'autre affaire où je sois attaché. 740

CÉLIMÈNE [, *à Alceste*, 1734]

C'est pour rire, je crois.

ALCESTE

Non, en aucune sorte :
Nous verrons si c'est moi que vous voudrez qui sorte.

SCÈNE V

BASQUE, ALCESTE, CÉLIMÈNE, ÉLIANTE, ACASTE, PHILINTE,
CLITANDRE.

BASQUE [, *à Alceste*. 1734]

Monsieur, un homme est là qui voudrait vous parler,
Pour affaire, dit-il, qu'on ne peut reculer.

ALCESTE

Dis-lui que je n'ai point d'affaires si pressées. 745

---

1. Voir p. 90, n. 1. Clitandre, dont les occupations se bornent
à être vu du maître le matin et le soir, fait partie de ces désœuvrés
qu'Élise, dans *La Critique de l'École des femmes*, appelle « les
fainéants de la cour » (scène 1).

BASQUE

Il porte une jaquette à grand'basques plissées,
Avec du dor dessus [1].

CÉLIMÈNE [, *à Alceste*, 1734]

Allez voir ce que c'est,
Ou bien faites-le [2] entrer.

ALCESTE

Qu'est-ce donc qu'il vous plaît ?
Venez, Monsieur.

SCÈNE VI

GARDE, ALCESTE, CÉLIMÈNE, ÉLIANTE, ACASTE, PHILINTE,
CLITANDRE.

GARDE

Monsieur, j'ai deux mots à vous dire.

---

1. Cette « jaquette » à basques longues et plissées et à galons
dorés désigne l'uniforme de l'exempt dépêché auprès d'Alceste
pour lui signifier d'avoir à comparaître devant le tribunal des maréchaux de France, dont la fonction, on l'a vu, est de prévenir les
duels et de régler les affaires d'honneur entre gentilshommes. Basque, comme Pierrot dans *Dom Juan* (II, 1), emploie l'expression
populaire « du dor » pour « du doré ».
2. Élision du *le*, déjà rencontrée au vers 433.

ALCESTE

Vous pouvez parler haut, Monsieur, pour m'en instruire.   750

GARDE

Messieurs les Maréchaux, dont j'ai commandement,
Vous mandent de venir les trouver promptement,
Monsieur.

ALCESTE

Qui ? moi, Monsieur ?

GARDE

Vous-même.

ALCESTE

Et pour quoi
[faire ?

PHILINTE [, *à Alceste*. 1734]

C'est d'Oronte et de vous la ridicule affaire.

CÉLIMÈNE [, *à Philinte*. 1734]

Comment ?   755

PHILINTE

Oronte et lui se sont tantôt bravés
Sur certains petits vers, qu'il n'a pas approuvés ;
Et l'on veut assoupir la chose en sa naissance.

ALCESTE

Moi, je n'aurai jamais de lâche complaisance.

PHILINTE

Mais il faut suivre l'ordre : allons, disposez-vous...

ALCESTE

760 Quel accommodement veut-on faire entre nous[1] ?
La voix de ces Messieurs me condamnera-t-elle
À trouver bons les vers qui font notre querelle ?
Je ne me dédis point de ce que j'en ai dit,
Je les trouve méchants.

PHILINTE

Mais, d'un plus doux esprit...

ALCESTE

765 Je n'en démordrai point : les vers sont exécrables.

PHILINTE

Vous devez faire voir des sentiments traitables.
Allons, venez.

ALCESTE

J'irai ; mais rien n'aura pouvoir
De me faire dédire.

---

1. C'est la fonction ordinaire du tribunal des maréchaux de France de conduire les adversaires à une réconciliation honorable, dans des conflits où les torts sont souvent partagés.

PHILINTE

Allons vous faire voir.

ALCESTE

Hors qu'un commandement exprès du Roi me vienne
De trouver bons les vers dont on se met en peine,   770
Je soutiendrai toujours, morbleu ! qu'ils sont mauvais,
Et qu'un homme est pendable après les avoir faits[1].

(À Clitandre et Acaste, qui rient.)

Par la sangbleu ! Messieurs, je ne croyais pas être
Si plaisant que je suis[2].

1. D'après le *Bolaeana*, au moment de rendre publiques ses *Satires*, Boileau aurait reçu de ses amis des conseils de prudence concernant Chapelain, dont le crédit restait grand, malgré l'échec de *La Pucelle*, et que Colbert honorait de visites fréquentes : « Hé bien, insistait M. Despréaux, quand il serait visité du Pape, je soutiens ses vers détestables. Il n'y a point de police au Parnasse, si je ne vois ce poète-là quelque jour attaché au mont fourchu [le gibet de Montfaucon]. Molière, qui était présent à cette saillie, la trouva digne d'être placée dans son *Misanthrope*, à l'occasion du sonnet d'Oronte » (Mongrédien, *Recueil de textes relatifs à Molière*, t. I, p. 265).
2. Boileau, qui avait gardé le souvenir de la manière dont Molière disait ces deux vers, se plaisait à l'imiter pour montrer à Brossette la force expressive d'une interprétation à ses yeux exemplaire : « Molière, en récitant cela, l'accompagnait d'un ris amer si piquant que M. Despréaux, en le faisant de même, nous a fort réjouis » (*Correspondance Boileau-Brossette*, éd. Lavardet, p. 522).

CÉLIMÈNE

Allez vite paraître

775 Où vous devez.

ALCESTE

J'y vais, Madame, et sur mes pas
Je reviens en ce lieu, pour vuider [1] nos débats.

1. *Vuider* : orthographe en usage au XVIIᵉ siècle (cf. V, 4, v. 1717).

ACTE III

SCÈNE PREMIÈRE

CLITANDRE, ACASTE

CLITANDRE

Cher Marquis, je te vois l'âme bien satisfaite :
Toute chose t'égaye, et rien ne t'inquiète.
En bonne foi, crois-tu, sans t'éblouir les yeux,
Avoir de grands sujets de paraître joyeux ?   780

ACASTE

Parbleu ! je ne vois pas, lorsque je m'examine,
Où prendre aucun sujet d'avoir l'âme chagrine.
J'ai du bien, je suis jeune, et sors d'une maison
Qui se peut dire noble avec quelque raison ;
Et je crois, par le rang que me donne ma race,   785

Qu'il est fort peu d'emplois dont je ne sois en passe[1].
Pour le cœur, dont sur tout nous devons faire cas,
On sait, sans vanité, que je n'en manque pas,
Et l'on m'a vu pousser, dans le monde, une affaire
790 D'une assez vigoureuse et gaillarde manière.
Pour de l'esprit, j'en ai sans doute, et du bon goût
À juger sans étude et raisonner de tout[2],
À faire aux nouveautés, dont je suis idolâtre,
Figure de savant sur les bancs du théâtre[3],
795 Y décider en chef, et faire du fracas
À tous les beaux endroits qui méritent des has[4].

1. « *Passe* se dit [...] au jeu du billard, ou du mail, d'une porte,
ou archet, par où il faut que la bille ou la boule passe, selon les
règles du jeu. En ce sens on dit qu'un homme est en *passe* au
premier, au second coup de mail, quand il est assez proche de la
passe pour pouvoir mettre dedans ; et figurément, on dit qu'un
homme est en *passe* d'obtenir des honneurs, des dignités, des pré-
latures, quand il a de la naissance, du mérite, du crédit, de l'appui
pour y parvenir » (F.). Le propos satisfait d'Acaste peut être rapproché des déclarations de Lysandre dans *Les Fâcheux* :

> *J'ai le bien, la naissance, et quelque emploi passable,*
> *Et fais figure en France assez considérable.*
>   (I, 3, v. 183-184)

2. Comme Mascarille dans *Les Précieuses ridicules*, Acaste estime que la noblesse dispense de l'étude, et que « les gens de qualité savent tout sans avoir jamais rien appris » (scène 9).
3. Ces sièges, disposés sur les côtés de la scène, sont réservés
aux spectateurs de qualité, qui paient ce privilège un demi-louis
d'or. Acaste, tel le courtisan « à grands canons » que dépeint
Éraste dans la première scène des *Fâcheux*, s'érige en connaisseur
et prétend faire autorité en matière de critique théâtrale.
4. Le pluriel est appelé par la rime. Cette coutume de saluer les
« beaux endroits » d'une pièce par des témoignages d'admiration
s'appelle, en langage de théâtre, *faire le brouhaha* (voir *Les Précieuses ridicules*, scène 9, et *L'Impromptu de Versailles*, scène 6).

Je suis assez adroit[1] ; j'ai bon air, bonne mine,
Les dents belles surtout, et la taille fort fine.
Quant à se mettre bien[2], je crois, sans me flatter,
Qu'on serait mal venu de me le disputer.   800
Je me vois dans l'estime autant qu'on y puisse être,
Fort aimé du beau sexe, et bien auprès du maître[3].
Je crois qu'avec cela, mon cher Marquis, je crois
Qu'on peut, par tout pays, être content de soi.

CLITANDRE

Oui ; mais, trouvant ailleurs des conquêtes faciles,   805
Pourquoi pousser ici des soupirs inutiles ?

ACASTE

Moi ? Parbleu ! je ne suis de taille ni d'humeur
À pouvoir d'une belle essuyer la froideur.
C'est aux gens mal tournés, aux mérites vulgaires,
À brûler constamment pour les beautés sévères,   810
À languir à leurs pieds et souffrir leurs rigueurs,
À chercher le secours des soupirs et des pleurs,
Et tâcher, par des soins d'une très longue suite,
D'obtenir ce qu'on nie[4] à leur peu de mérite.
Mais les gens de mon air, Marquis, ne sont pas faits   815

---

1. *Adroit* : désigne ici la subtilité de l'esprit, et non la dextérité manuelle.
2. « *Mettre* se dit aussi en parlant des habits ; et on dit qu'un homme sait bien se *mettre*, quand il sait s'habiller proprement [avec élégance] et convenablement » (F.).
3. Ce « maître » désigne le roi.
4. « *Nier* signifie aussi refuser » (F.).

Pour aimer à crédit[1], et faire tous les frais.
Quelque rare que soit le mérite des belles,
Je pense, Dieu merci ! qu'on vaut son prix comme elles,
Que pour se faire honneur d'un cœur comme le mien,
820 Ce n'est pas la raison[2] qu'il ne leur coûte rien,
Et qu'au moins, à tout mettre en de justes balances,
Il faut qu'à frais communs se fassent les avances.

CLITANDRE

Tu penses donc, Marquis, être fort bien[3] ici ?

ACASTE

J'ai quelque lieu, Marquis, de le penser ainsi.

CLITANDRE

825 Crois-moi, détache-toi de cette erreur extrême ;
Tu te flattes, mon cher, et t'aveugles toi-même.

ACASTE

Il est vrai, je me flatte et m'aveugle en effet.

CLITANDRE

Mais qui te fait juger ton bonheur si parfait ?

1. Par ce vocabulaire marchand (*aimer à crédit, faire les frais, valoir son prix, coûter, frais communs, avances*), Acaste fait preuve d'un réalisme cynique qui tranche avec la tradition de la belle galanterie romanesque : l'amour à la mode a pris la forme d'un commerce égoïste et d'un jeu calculé.
2. *Ce n'est pas la raison* : il n'est pas raisonnable.
3. *Être fort bien* : être fort bien dans ses affaires, donc dans une situation favorable.

ACASTE

Je me flatte.

CLITANDRE

Sur quoi fonder tes conjectures ?

ACASTE

Je m'aveugle.   830

CLITANDRE

En as-tu des preuves qui soient sûres ?

ACASTE

Je m'abuse, te dis-je.

CLITANDRE

Est-ce que de ses vœux
Célimène t'a fait quelques secrets aveux ?

ACASTE

Non, je suis maltraité.

CLITANDRE

Réponds-moi, je t'en prie.

ACASTE

Je n'ai que des rebuts.

CLITANDRE

Laissons la raillerie,

835 Et me dis quel espoir on peut t'avoir donné.

ACASTE

Je suis le misérable, et toi le fortuné :
On a pour ma personne une aversion grande,
Et quelqu'un de ces jours il faut que je me pende.

CLITANDRE

Ô çà, veux-tu, Marquis, pour ajuster nos vœux,
840 Que nous tombions d'accord d'une chose tous deux ?
Que qui pourra montrer une marque certaine
D'avoir meilleure part au cœur de Célimène,
L'autre ici fera place au vainqueur prétendu [1],
Et le délivrera d'un rival assidu ?

ACASTE

845 Ah, parbleu ! tu me plais avec un tel langage,
Et du bon de mon cœur [2] à cela je m'engage.
Mais, chut !

1. *Au vainqueur prétendu* : au futur vainqueur (cf. *Dom Juan*,
I, 2 : « Cet époux prétendu », ce futur époux).
2. *Du bon de mon cœur* : du meilleur de moi-même, de tout
mon cœur. « [...] L'on fait mille petites singeries aux personnes
quand on les aime du bon du cœur », déclare Pierrot à Charlotte
dans la première scène du deuxième acte de *Dom Juan*.

SCÈNE II

CÉLIMÈNE, ACASTE, CLITANDRE.

CÉLIMÈNE

Encore ici ?

CLITANDRE

L'amour retient nos pas.

CÉLIMÈNE

Je viens d'ouïr entrer un carrosse là-bas[1] :
Savez-vous qui c'est ?

CLITANDRE

Non.

1. *Là-bas* : en bas, dans la cour de l'hôtel.

SCÈNE III

BASQUE, CÉLIMÈNE, ACASTE, CLITANDRE.

BASQUE

　　　　Arsinoé, Madame,
850 Monte ici pour vous voir.

CÉLIMÈNE

　　　　　　Que me veut cette femme ?

BASQUE

Éliante là-bas[1] est à l'entretenir.

CÉLIMÈNE

De quoi s'avise-t-elle et qui la fait venir ?

ACASTE

Pour prude consommée en tous lieux elle passe,
Et l'ardeur de son zèle...

CÉLIMÈNE

　　　　　Oui, oui, franche grimace :
855 Dans l'âme elle est du monde, et ses soins tentent tout
Pour accrocher quelqu'un, sans en venir à bout.

1. *Là-bas* : voir p. 62, n. 1.

Elle ne saurait voir qu'avec un œil d'envie
Les amants déclarés dont une autre est suivie ;
Et son triste mérite, abandonné de tous,
Contre le siècle aveugle est toujours en courroux.   860
Elle tâche à couvrir d'un faux voile de prude
Ce que chez elle on voit d'affreuse solitude ;
Et pour sauver l'honneur de ses faibles appas,
Elle attache du crime au pouvoir qu'ils n'ont pas.
Cependant un amant plairait fort à la dame,   865
Et même pour Alceste elle a tendresse d'âme.
Ce qu'il me rend de soins outrage ses attraits,
Elle veut que ce soit un vol que je lui fais ;
Et son jaloux dépit, qu'avec peine elle cache,
En tous endroits, sous main, contre moi se détache[1].   870
Enfin je n'ai rien vu de si sot à mon gré,
Elle est impertinente au suprême degré,
Et...

SCÈNE IV

ARSINOÉ, CÉLIMÈNE

CÉLIMÈNE

Ah ! quel heureux sort en ce lieu vous amène ?
Madame, sans mentir, j'étais de vous en peine[2].

1. *Se détache* : se déchaîne.
2. D'entrée de jeu, Célimène manie l'ironie avec une éblouissante maîtrise. Au même titre que la grande scène des portraits de l'acte II, la confrontation avec Arsinoé révèle la supériorité séduisante de la femme d'esprit.

ARSINOÉ

875 Je viens pour quelque avis que j'ai cru vous devoir.

CÉLIMÈNE

Ah, mon Dieu ! que je suis contente de vous voir !

[*Clitandre et Acaste sortent en riant.* 1734]

ARSINOÉ

Leur départ ne pouvait plus à propos se faire.

CÉLIMÈNE

Voulons-nous nous asseoir ?

ARSINOÉ

                        Il n'est pas nécessaire,
Madame. L'amitié doit surtout éclater
880 Aux choses qui le plus nous peuvent importer ;
Et comme il n'en est point de plus grande importance
Que celles de l'honneur et de la bienséance,
Je viens, par un avis qui touche votre honneur,
Témoigner l'amitié que pour vous a mon cœur.
885 Hier[1] j'étais chez des gens de vertu singulière,
Où sur vous du discours on tourna la matière ;
Et là, votre conduite, avec ses grands éclats,
Madame, eut le malheur qu'on ne la loua pas.
Cette foule de gens dont vous souffrez visite,

    1. *Hier* : une seule syllabe.

Votre galanterie[1], et les bruits qu'elle excite   890
Trouvèrent des censeurs plus qu'il n'aurait fallu,
Et bien plus rigoureux que je n'eusse voulu.
Vous pouvez bien penser quel parti je sus prendre :
Je fis ce que je pus pour vous pouvoir défendre,
Je vous excusai fort sur votre intention,   895
Et voulus de votre âme être la caution.
Mais vous savez qu'il est des choses dans la vie
Qu'on ne peut excuser, quoiqu'on en ait envie ;
Et je me vis contrainte à demeurer d'accord
Que l'air dont vous viviez vous faisait un peu tort,   900
Qu'il prenait dans le monde une méchante face,
Qu'il n'est conte fâcheux que partout on n'en fasse,
Et que, si vous vouliez, tous vos déportements[2]
Pourraient moins donner prise aux mauvais jugements.
Non que j'y croie, au fond, l'honnêteté blessée :   905
Me préserve le Ciel d'en avoir la pensée !
Mais aux ombres du crime on prête aisément foi,
Et ce n'est pas assez de bien vivre pour soi.

1. *Galanterie* : si, appliqué à un homme, le mot désigne seulement le désir de plaire, la pente à courtiser les belles, il prend une valeur plus compromettante quand il caractérise une conduite féminine. La galanterie chez une femme, selon La Bruyère, va au-delà de la simple coquetterie : « Une femme galante veut qu'on l'aime, il suffit à une coquette d'être trouvée aimable et de passer pour belle ; celle-là cherche à engager, celle-ci se contente de plaire » (*Les Caractères*, « Des femmes », 22).
2. Les *déportements* d'une personne ne sont rien d'autre que ses actions, son comportement : « conduite et manière de vivre » écrit Furetière. Mais comme le mot peut s'employer « en bonne et en mauvaise part » et désigner « des bonnes ou mauvaises mœurs » (*ibid.*), le propos d'Arsinoé garde un sens équivoque et perfide.

Madame, je vous crois l'âme trop raisonnable,
910   Pour ne pas prendre bien cet avis profitable,
Et pour l'attribuer qu'aux¹ mouvements secrets
D'un zèle qui m'attache à tous vos intérêts.

CÉLIMÈNE

Madame, j'ai beaucoup de grâces à vous rendre :
Un tel avis m'oblige, et loin de le mal prendre,
915   J'en prétends reconnaître, à l'instant, la faveur,
Pour un avis aussi qui touche votre honneur ;
Et comme je vous vois vous montrer mon amie
En m'apprenant les bruits que de moi l'on publie,
Je veux suivre, à mon tour, un exemple si doux,
920   En vous avertissant de ce qu'on dit de vous.
En un lieu, l'autre jour, où je faisais visite,
Je trouvai quelques gens d'un très rare mérite,
Qui, parlant des vrais soins d'une âme qui vit bien,
Firent tomber sur vous, Madame, l'entretien.
925   Là, votre pruderie et vos éclats de zèle
Ne furent pas cités comme un fort bon modèle :
Cette affectation d'un grave extérieur,
Vos discours éternels de sagesse et d'honneur,
Vos mines et vos cris aux ombres d'indécence
930   Que d'un mot ambigu peut avoir l'innocence,
Cette hauteur d'estime où vous êtes de vous,
Et ces yeux de pitié que vous jetez sur tous,
Vos fréquentes leçons, et vos aigres censures
Sur des choses qui sont innocentes et pures,

---

1. *Pour l'attribuer qu'aux* : pour l'attribuer à autre chose qu'aux...

Tout cela, si je puis vous parler franchement,   935
Madame, fut blâmé d'un commun sentiment.
À quoi bon, disaient-ils, cette mine modeste,
Et ce sage dehors que dément tout le reste ?
Elle est à bien prier exacte au dernier point ;
Mais elle bat ses gens, et ne les paye point[1].   940
Dans tous les lieux dévots elle étale un grand zèle ;
Mais elle met du blanc[2] et veut paraître belle.
Elle fait des tableaux couvrir les nudités ;
Mais elle a de l'amour pour les réalités[3].
Pour moi, contre chacun je pris votre défense,   945
Et leur assurai fort que c'était médisance ;
Mais tous les sentiments combattirent le mien ;
Et leur conclusion fut que vous feriez bien
De prendre moins de soin des actions des autres,
Et de vous mettre un peu plus en peine des vôtres ;   950
Qu'on doit se regarder soi-même un fort long temps,
Avant que de songer à condamner les gens ;
Qu'il faut mettre le poids d'une vie exemplaire
Dans les corrections qu'aux autres on veut faire ;

1. Saint-Simon, dans ses *Mémoires*, a rapporté les brutalités de
la princesse d'Harcourt envers ses domestiques. L'exemple n'est
pas isolé. Nombreux aussi les domestiques de grandes maisons
(c'était le cas des gens de la princesse d'Harcourt) dont les gages
sont très irrégulièrement payés, quand ils le sont. D'où l'insistance
de l'Église sur les devoirs des maîtres à l'endroit des serviteurs.
2. Comme la vieille Émilie évoquée par Philinte dans la
scène 1 du premier acte, v. 81-83.
3. Cet amour des réalités charnelles laisse entrevoir, sous le
masque de la prude, un tempérament sensuel, qui achève de faire
d'Arsinoé une sorte de double féminin de Tartuffe, ce dernier
ayant, autant qu'Arsinoé, le goût des « réalités » (cf. *Le Tartuffe*,
IV, 5, v. 1466).

955 Et qu'encor vaut-il mieux s'en remettre, au besoin,
À ceux à qui le Ciel en a commis le soin[1].
Madame, je vous crois aussi trop raisonnable,
Pour ne pas prendre bien cet avis profitable,
Et pour l'attribuer qu'aux[2] mouvements secrets
960 D'un zèle qui m'attache à tous vos intérêts.

ARSINOÉ

À quoi qu'en reprenant on soit assujettie,
Je ne m'attendais pas à cette repartie,
Madame, et je vois bien, par ce qu'elle a d'aigreur,
Que mon sincère avis vous a blessée au cœur.

CÉLIMÈNE

965 Au contraire, Madame ; et si l'on était sage,
Ces avis mutuels seraient mis en usage :
On détruirait par là, traitant de bonne foi[3],
Ce grand aveuglement où chacun est pour soi.
Il ne tiendra qu'à vous qu'avec le même zèle
970 Nous ne continuions cet office fidèle,
Et ne prenions grand soin de nous dire, entre nous,
Ce que nous entendrons, vous de moi, moi de vous

ARSINOÉ

Ah ! Madame, de vous je ne puis rien entendre :
C'est en moi que l'on peut trouver fort à reprendre.

---

1. Les gens d'Église.
2. Voir n. 1 de la p. 118.
3. *Traitant de bonne foi* : en agissant avec sincérité.

CÉLIMÈNE

Madame, on peut, je crois, louer et blâmer tout,   975
Et chacun a raison suivant l'âge et le goût.
Il est une saison pour la galanterie ;
Il en est une aussi propre à la pruderie.
On peut, par politique, en prendre le parti,
Quand de nos jeunes ans l'éclat est amorti :   980
Cela sert à couvrir de fâcheuses disgrâces[1].
Je ne dis pas qu'un jour je ne suive vos traces :
L'âge amènera tout, et ce n'est pas le temps,
Madame, comme on sait, d'être prude à vingt ans.

ARSINOÉ

Certes, vous vous targuez d'un bien faible avantage,   985
Et vous faites sonner terriblement votre âge.
Ce que de plus que vous on en pourrait avoir
N'est pas un si grand cas pour s'en tant prévaloir ;
Et je ne sais pourquoi votre âme ainsi s'emporte,
Madame, à me pousser[2] de cette étrange sorte.   990

CÉLIMÈNE

Et moi, je ne sais pas, Madame, aussi pourquoi
On vous voit, en tous lieux, vous déchaîner sur moi.
Faut-il de vos chagrins, sans cesse, à moi vous prendre ?

1. Que la pruderie soit une contrainte de l'âge, c'est déjà ce
que Dorine disait d'Orante dans la première scène du *Tartuffe*
(v. 121-140) : ce portrait vigoureux de la prude « à son corps dé-
fendant » préfigure le personnage d'Arsinoé.
2. *Pousser* : porter des bottes à son adversaire en escrime et,
par extension, attaquer avec vigueur (cf. p. 96, n. 1).

Et puis-je mais[1] des soins qu'on ne va pas vous rendre ?
995   Si ma personne aux gens inspire de l'amour,
      Et si l'on continue à m'offrir chaque jour
      Des vœux que votre cœur peut souhaiter qu'on m'ôte,
      Je n'y saurais que faire, et ce n'est pas ma faute :
      Vous avez le champ libre, et je n'empêche pas
1000 Que pour les attirer vous n'ayez des appas.

ARSINOÉ

      Hélas ! et croyez-vous que l'on se mette en peine
      De ce nombre d'amants dont vous faites la vaine,
      Et qu'il ne nous soit pas fort aisé de juger
      À quel prix aujourd'hui l'on peut les engager ?
1005 Pensez-vous faire croire, à voir comme tout roule,
      Que votre seul mérite attire cette foule ?
      Qu'ils ne brûlent pour vous que d'un honnête amour,
      Et que pour vos vertus ils vous font tous la cour ?
      On ne s'aveugle point par de vaines défaites,
1010 Le monde n'est point dupe ; et j'en vois qui sont faites
      À pouvoir inspirer de tendres sentiments,
      Qui chez elles pourtant ne fixent point d'amants ;
      Et de là nous pouvons tirer des conséquences,
      Qu'on n'acquiert point les cœurs sans de grandes avances,
1015 Qu'aucun pour nos beaux yeux n'est notre soupirant,
      Et qu'il faut acheter tous les soins qu'on nous rend.
      Ne vous enflez donc point d'une si grande gloire
      Pour les petits brillants[2] d'une faible victoire ;

---

1. *Puis-je mais* : « *Mais* est aussi adverbe en cette phrase : Je
n'en puis *mais*, pour dire : Je n'en suis pas cause, j'en suis innocent, je n'en suis pas responsable » (F.).
2. *Les petits brillants* : le maigre éclat.

Et corrigez un peu l'orgueil de vos appas,
De traiter[1] pour cela les gens de haut en bas.   1020
Si nos yeux enviaient les conquêtes des vôtres,
Je pense qu'on pourrait faire comme les autres,
Ne se point ménager[2], et vous faire bien voir
Que l'on a des amants quand on en veut avoir.

CÉLIMÈNE

Ayez-en donc, Madame, et voyons cette affaire :   1025
Par ce rare secret efforcez-vous de plaire ;
Et sans...

ARSINOÉ

          Brisons, Madame, un pareil entretien.
Il pousserait trop loin votre esprit et le mien ;
Et j'aurais pris déjà le congé qu'il faut prendre,
Si mon carrosse encor ne m'obligeait d'attendre.   1030

CÉLIMÈNE

Autant qu'il vous plaira vous pouvez arrêter[3],
Madame, et là-dessus rien ne doit vous hâter ;
Mais, sans vous fatiguer de ma cérémonie,
Je m'en vais vous donner meilleure compagnie ;
Et Monsieur, qu'à propos le hasard fait venir,   1035
Remplira mieux ma place à vous entretenir.
Alceste, il faut que j'aille écrire un mot de lettre,
Que, sans me faire tort, je ne saurais remettre.

1. Comprenons : l'orgueil... qui vous conduit à traiter.
2. *Ne se point ménager* : sortir de sa réserve.
3. *Arrêter* : demeurer.

Soyez avec Madame : elle aura la bonté
1040 D'excuser aisément mon incivilité.

SCÈNE V

ALCESTE, ARSINOÉ

ARSINOÉ

Vous voyez, elle veut que je vous entretienne,
Attendant un moment que mon carrosse vienne ;
Et jamais tous ses soins ne pouvaient m'offrir rien
Qui me fût plus charmant qu'un pareil entretien.
1045 En vérité, les gens d'un mérite sublime
Entraînent de chacun et l'amour et l'estime ;
Et le vôtre, sans doute, a des charmes secrets
Qui font entrer mon cœur dans tous vos intérêts.
Je voudrais que la cour, par un regard propice,
1050 À ce que vous valez rendît plus de justice :
Vous avez à vous plaindre, et je suis en courroux,
Quand je vois chaque jour qu'on ne fait rien pour vous.

ALCESTE

Moi, Madame ! Et sur quoi pourrais-je en rien prétendre ?
Quel service à l'État est-ce qu'on m'a vu rendre ?
1055 Qu'ai-je fait, s'il vous plaît, de si brillant de soi,
Pour me plaindre à la cour qu'on ne fait rien pour moi ?

ARSINOÉ

Tous ceux sur qui la cour jette des yeux propices
N'ont pas toujours rendu de ces fameux services.
Il faut l'occasion, ainsi que le pouvoir ;
Et le mérite enfin que vous nous faites voir   1060
Devrait...

ALCESTE

        Mon Dieu ! laissons mon mérite, de grâce ;
De quoi voulez-vous là que la cour s'embarrasse ?
Elle aurait fort à faire, et ses soins seraient grands
D'avoir à déterrer le mérite des gens.

ARSINOÉ

Un mérite éclatant se déterre lui-même :   1065
Du vôtre, en bien des lieux, on fait un cas extrême ;
Et vous saurez de moi qu'en deux fort bons endroits
Vous fûtes hier[1] loué par des gens d'un grand poids.

ALCESTE

Eh ! Madame, l'on loue aujourd'hui tout le monde,
Et le siècle par là n'a rien qu'on ne confonde :   1070
Tout est d'un grand mérite également doué,
Ce n'est plus un honneur que de se voir loué ;
D'éloges on regorge, à la tête on les jette,
Et mon valet de chambre est mis dans la Gazette[2].

1. *Hier* : comme au vers 885, une seule syllabe.
2. *La Gazette de France*, créée par Théophraste Renaudot en 1631, donnait des nouvelles conformes au point de vue officiel et louait les officiers qui s'étaient signalés au combat. La saillie d'Alceste exagère plaisamment la tendance de *La Gazette* à prodiguer les éloges.

ARSINOÉ

1075 Pour moi, je voudrais bien que, pour vous montrer mieux,
Une charge à la cour vous pût frapper les yeux [1].
Pour peu que d'y songer vous nous fassiez les mines [2],
On peut pour vous servir remuer des machines [3],
Et j'ai des gens en main que j'emploierai pour vous,
1080 Qui vous feront à tout un chemin assez doux.

ALCESTE

Et que voudriez-vous, Madame, que j'y fisse ?
L'humeur dont je me sens veut que je m'en bannisse.
Le Ciel ne m'a point fait, en me donnant le jour,
Une âme compatible avec l'air de la cour ;
1085 Je ne me trouve point les vertus nécessaires
Pour y bien réussir et faire mes affaires [4].
Être franc et sincère est mon plus grand talent ;
Je ne sais point jouer les hommes en parlant ;
Et qui n'a pas le don de cacher ce qu'il pense

1. Pût retenir votre attention.
2. Pour peu que vous donniez quelques signes du désir d'obtenir telle charge à la cour.
3. *Remuer des machines*, c'est mettre en œuvre des intrigues pour assurer le succès d'une affaire. Si les « gens d'un grand poids » qu'évoquait Arsinoé au vers 1068 gardent leur mystère, leur pouvoir d'intervention à la cour en revanche est dévoilé : une cabale se dessine, où l'on reconnaît le parti dévot, son influence et ses pratiques. Il n'est pas jusqu'au « chemin assez doux » qu'Arsinoé découvre à Alceste qui ne transpose dans le domaine de la réussite sociale l'onction du langage dévot.
4. Ce couplet sarcastique sur les talents nécessaires à qui veut réussir à la cour peut être rapproché de la *Satire III* de Mathurin Régnier, v. 89-120.

Doit faire en ce pays[1] fort peu de résidence.   1090
Hors de la cour, sans doute, on n'a pas cet appui,
Et ces titres d'honneur qu'elle donne aujourd'hui ;
Mais on n'a pas aussi, perdant ces avantages,
Le chagrin de jouer de fort sots personnages :
On n'a point à souffrir mille rebuts cruels,   1095
On n'a point à louer les vers de Messieurs tels,
À donner de l'encens à Madame une telle,
Et de nos francs marquis essuyer la cervelle[2].

ARSINOÉ

Laissons, puisqu'il vous plaît, ce chapitre de cour ;
Mais il faut que mon cœur vous plaigne en votre amour ; 1100
Et pour vous découvrir là-dessus mes pensées,
Je souhaiterais fort vos ardeurs mieux placées.
Vous méritez, sans doute, un sort beaucoup plus doux,
Et celle qui vous charme est indigne de vous.

ALCESTE

Mais, en disant cela, songez-vous, je vous prie,   1105
Que cette personne est, Madame, votre amie ?

---

1. *Ce pays* : métaphore géographique usuelle sous Louis XIV pour désigner la cour, perçue comme une région particulière, distincte du monde plus familier de la ville, ayant ses mœurs et ses usages propres.
2. Loin de la cour, on n'a pas à subir (*essuyer*) les extravagances de ces écervelés (*la cervelle*) que sont ces marquis d'un ridicule achevé (*francs marquis*). Sur le type moderne du marquis ridicule (« Le marquis aujourd'hui est le plaisant de la comédie »), voir *L'Impromptu de Versailles*, scènes 1 et 3.

ARSINOÉ

Oui ; mais ma conscience est blessée en effet
De souffrir plus longtemps le tort que l'on vous fait ;
L'état où je vous vois afflige trop mon âme,
1110 Et je vous donne avis qu'on trahit votre flamme.

ALCESTE

C'est me montrer, Madame, un tendre mouvement,
Et de pareils avis obligent un amant !

ARSINOÉ

Oui, toute mon amie[1], elle est et je la nomme
Indigne d'asservir le cœur d'un galant homme ;
1115 Et le sien n'a pour vous que de feintes douceurs.

ALCESTE

Cela se peut, Madame : on ne voit pas les cœurs ;
Mais votre charité se serait bien passée[2]
De jeter dans le mien une telle pensée.

ARSINOÉ

Si vous ne voulez pas être désabusé,
1120 Il faut ne vous rien dire, il est assez aisé.

ALCESTE

Non ; mais sur ce sujet quoi que l'on nous expose,

1. *Toute mon amie* qu'elle soit. Sur cette ellipse, voir I, 2
v. 390.
2. *Se serait bien passée* : eût pu se dispenser.

Les doutes sont fâcheux plus que toute autre chose ;
Et je voudrais, pour moi, qu'on ne me fît savoir
Que ce qu'avec clarté l'on peut me faire voir.

ARSINOÉ

Hé bien ! c'est assez dit ; et sur cette matière 1125
Vous allez recevoir une pleine lumière.
Oui, je veux que de tout vos yeux vous fassent foi :
Donnez-moi seulement la main jusque chez moi ;
Là je vous ferai voir une preuve fidèle
De l'infidélité[1] du cœur de votre belle ; 1130
Et si pour d'autres yeux le vôtre peut brûler,
On pourra vous offrir de quoi vous consoler[2].

1. *Fidèle/infidélité* : la pointe est peut-être une lointaine réminiscence de Malherbe (*Les Larmes de saint Pierre*, 1re strophe). Dans la bouche d'Arsinoé, le trait rend un son railleur.
2. Sous le voile de l'indéfini, l'offre ne manque pas de hardiesse et confirme l'accusation lancée par Célimène, au début du troisième acte, contre une hypocrite dont « [les] soins tentent tout / Pour accrocher quelqu'un » (III, 3, v. 855-856).

ACTE IV

ÉLIANTE, PHILINTE

PHILINTE

Non, l'on n'a point vu d'âme à manier si dure,
Ni d'accommodement plus pénible à conclure :
1135 En vain de tous côtés on l'a voulu tourner,
Hors de son sentiment on n'a pu l'entraîner ;
Et jamais différend si bizarre, je pense,
N'avait de ces Messieurs[1] occupé la prudence.
« Non, Messieurs, disait-il, je ne me dédis point,
1140 Et tomberai d'accord de tout, hors de ce point.

---

1. *Ces Messieurs* : les maréchaux de France (voir la Note sur les personnages de la pièce, p. 203-204 ; p. 102, n. 1 et p. 104, n. 1).

De quoi s'offense-t-il ? et que veut-il me dire ?
Y va-t-il de sa gloire à ne pas bien écrire ?
Que lui fait mon avis, qu'il a pris de travers ?
On peut être honnête homme et faire mal des vers :
Ce n'est point à l'honneur que touchent ces matières ;   1145
Je le tiens galant homme en toutes les manières,
Homme de qualité, de mérite et de cœur,
Tout ce qu'il vous plaira, mais fort méchant auteur.
Je louerai, si l'on veut, son train et sa dépense,
Son adresse à cheval, aux armes, à la danse ;   1150
Mais pour louer ses vers, je suis son serviteur[1] ;
Et lorsque d'en mieux faire on n'a pas le bonheur,
On ne doit de rimer avoir aucune envie,
Qu'on n'y soit condamné sur peine de la vie[2]. »
Enfin toute la grâce et l'accommodement   1155
Où s'est, avec effort, plié son sentiment,
C'est de dire, croyant adoucir bien son style :
« Monsieur, je suis fâché d'être si difficile,
Et pour l'amour de vous, je voudrais, de bon cœur,
Avoir trouvé tantôt votre sonnet meilleur. »   1160
Et dans une embrassade, on leur a, pour conclure,
Fait vite envelopper toute la procédure[3].

1. *Je suis son serviteur* : formule ironique de refus.
2. Le mot d'Alceste fait écho à une rude repartie de Malherbe à un magistrat qui lui soumettait des vers médiocres à la louange d'une dame : « M. de Malherbe les lut avec mépris et lui demanda, après qu'il eut achevé, s'il avait été condamné à être pendu ou à faire ces vers-là, parce que, à moins de cela, il ne devait point exposer sa réputation en produisant des ouvrages si ridicules » (Racan, *Vie de Monsieur de Malherbe*, Gallimard, « Le Promeneur », 1991, p. 26).
3. *Envelopper la procédure* : refermer le dossier, clore l'affaire.

ÉLIANTE

Dans ses façons d'agir, il est fort singulier ;
Mais j'en fais, je l'avoue, un cas particulier,
1165 Et la sincérité dont son âme se pique
A quelque chose, en soi, de noble et d'héroïque.
C'est une vertu rare au siècle d'aujourd'hui,
Et je la voudrais voir partout comme chez lui.

PHILINTE

Pour moi, plus je le vois, plus surtout je m'étonne
1170 De cette passion où son cœur s'abandonne :
De l'humeur dont le Ciel a voulu le former,
Je ne sais pas comment il s'avise d'aimer ;
Et je sais moins encor comment votre cousine
Peut être la personne où son penchant l'incline.

ÉLIANTE

1175 Cela fait assez voir que l'amour, dans les cœurs,
N'est pas toujours produit par un rapport d'humeurs ;
Et toutes ces raisons de douces sympathies [1]

1. Le thème platonicien de la prédestination des alliances de cœur est resté, au XVIIe siècle, un grand lieu commun de la littérature amoureuse. Les « douces sympathies » dont parle ici Éliante font penser notamment à ces vers de Corneille dans *Rodogune* (1644) :

> *Il est des nœuds secrets, il est des sympathies,*
> *Dont par le doux rapport les âmes assorties*
> *S'attachent l'une à l'autre, et se laissent piquer*
> *Par ces je ne sais quoi qu'on ne peut expliquer.*

(I, 5, v. 359-362)

Voir aussi *L'Illusion comique* (III, 1, v. 641-648) et *La Suite du Menteur* (IV, 1, v. 1219-1235).

Dans cet exemple-ci se trouvent démenties.

PHILINTE

Mais croyez-vous qu'on l'aime, aux choses qu'on peut
[voir[1] ?

ÉLIANTE

C'est un point qu'il n'est pas fort aisé de savoir.   1180
Comment pouvoir juger s'il est vrai qu'elle l'aime ?
Son cœur de ce qu'il sent n'est pas bien sûr lui-même ;
Il aime quelquefois sans qu'il le sache bien,
Et croit aimer aussi parfois qu'il n'en est rien[2].

PHILINTE

Je crois que notre ami, près de cette cousine,   1185
Trouvera des chagrins plus qu'il ne s'imagine ;
Et s'il avait mon cœur, à dire vérité,
Il tournerait ses vœux tout d'un autre côté,
Et par un choix plus juste, on le verrait, Madame,
Profiter des bontés que lui montre votre âme.   1190

ÉLIANTE

Pour moi, je n'en fais point de façons, et je crois
Qu'on doit, sur de tels points, être de bonne foi :
Je ne m'oppose point à toute sa tendresse[3] ;
Au contraire, mon cœur pour elle s'intéresse ;

1. Le premier indéfini se rapporte à Célimène (« croyez-vous
qu'elle l'aime »), le second à son entourage.
2. *Parfois qu'il* : alors qu'il n'en est rien.
3. *Toute sa tendresse* : la « tendresse » (amour ardent) d'Alceste pour Célimène.

1195 Et si c'était qu'à moi la chose pût tenir[1],
Moi-même à ce qu'il aime on me verrait l'unir[2].
Mais si dans un tel choix, comme tout se peut faire,
Son amour éprouvait quelque destin contraire,
S'il fallait que d'un autre on[3] couronnât les feux,
1200 Je pourrais me résoudre à recevoir ses vœux ;
Et le refus souffert[4], en pareille occurrence,
Ne m'y ferait trouver aucune répugnance.

PHILINTE

Et moi, de mon côté, je ne m'oppose pas,
Madame, à ces bontés qu'ont pour lui vos appas ;
1205 Et lui-même, s'il veut, il peut bien vous instruire
De ce que là-dessus j'ai pris soin de lui dire[5].
Mais si, par un hymen qui les joindrait eux deux,
Vous étiez hors d'état de recevoir ses vœux,
Tous les miens tenteraient la faveur éclatante
1210 Qu'avec tant de bonté votre âme lui présente :
Heureux si, quand son cœur s'y pourra dérober,
Elle pouvait sur moi, Madame, retomber.

1. S'il ne tenait qu'à moi, si cela dépendait de moi.
2. Sous la douceur et la discrétion d'Éliante se dévoile ici une âme généreuse, capable de surmonter les faiblesses de la jalousie et de sacrifier par amour son propre désir de bonheur à la félicité de l'être aimé.
3. *On* : se rapporte à Célimène.
4. Le refus souffert par Alceste. En avouant qu'elle accepterait sans « aucune répugnance » d'épouser Alceste, si celui-ci, rebuté par Célimène, se tournait vers elle, Éliante s'éloigne de l'humeur altière des fières héroïnes romanesques : mais cette sincérité donne une forme de vérité attachante à un personnage en qui la lucidité se marie à la délicatesse et la raison à la sensibilité.
5. Voir I, 1, v. 243-246.

ÉLIANTE

Vous vous divertissez, Philinte.

PHILINTE

Non, Madame,
Et je vous parle ici du meilleur de mon âme,
J'attends l'occasion de m'offrir hautement,   1215
Et de tous mes souhaits j'en presse le moment.

SCÈNE II

ALCESTE, ÉLIANTE, PHILINTE

ALCESTE [, *bas.* 1682]

Ah ! faites-moi raison[1], Madame, d'une offense
Qui vient de triompher de toute ma constance.

ÉLIANTE

Qu'est-ce donc ? Qu'avez-vous qui vous puisse
[émouvoir[2] ?

---

1. *Faites-moi raison* : vengez-moi, accordez-moi justice.
2. Du vers 1219 au vers 1228, Molière reprend, en l'adaptant, la première partie de la scène 7 de l'acte IV de *Dom Garcie de Navarre* (v. 1230-1239). La pièce, qui avait échoué lors de sa création en février 1661, n'avait pas été publiée. Elle sera imprimée pour la première fois dans l'édition des *Œuvres de M. de Molière* en 1682. Les scènes 2 et 3 du quatrième acte du *Misanthrope* font de larges emprunts à cette comédie héroïque, en laquelle Molière avait placé de hautes ambitions ; la chute de *Dom Garcie* n'en fut que plus amèrement ressentie.

ALCESTE

1220 J'ai ce que sans mourir je ne puis concevoir ;
Et le déchaînement de toute la nature
Ne m'accablerait pas comme cette aventure.
C'en est fait... Mon amour... Je ne saurais parler.

ÉLIANTE

Que votre esprit un peu tâche à se rappeler [1].

ALCESTE

1225 Ô juste Ciel ! faut-il qu'on joigne à tant de grâces
Les vices odieux des âmes les plus basses ?

ÉLIANTE

Mais encor qui vous peut... ?

ALCESTE

Ah ! tout est ruiné ;
Je suis, je suis trahi, je suis assassiné :
Célimène... Eût-on pu croire cette nouvelle ?
1230 Célimène me trompe et n'est qu'une infidèle.

ÉLIANTE

Avez-vous, pour le croire, un juste fondement ?

PHILINTE

Peut-être est-ce un soupçon conçu légèrement,

1. « *Rappeler* ses esprits, c'est-à-dire se donner le temps de faire réflexion, ou de reprendre ses forces » (F.).

Et votre esprit jaloux prend parfois des chimères...

ALCESTE

Ah, morbleu ! mêlez-vous, Monsieur, de vos affaires.

[*À Éliante,* 1734]

C'est de sa trahison n'être que trop certain, 1235
Que l'avoir, dans ma poche, écrite de sa main.
Oui, Madame, une lettre écrite pour Oronte
A produit à mes yeux ma disgrâce et sa honte :
Oronte, dont j'ai cru qu'elle fuyait les soins,
Et que de mes rivaux je redoutais le moins. 1240

PHILINTE

Une lettre peut bien tromper par l'apparence,
Et n'est pas quelquefois si coupable qu'on pense.

ALCESTE

Monsieur, encore un coup, laissez-moi, s'il vous plaît,
Et ne prenez souci que de votre intérêt.

ÉLIANTE

Vous devez modérer vos transports, et l'outrage... 1245

ALCESTE

Madame, c'est à vous qu'appartient cet ouvrage[1] ;
C'est à vous que mon cœur a recours aujourd'hui
Pour pouvoir s'affranchir de son cuisant ennui.

1. *Cet ouvrage* : cette œuvre d'apaisement (le mot ouvrage est d'un registre élevé).

Vengez-moi d'une ingrate et perfide parente,
1250 Qui trahit lâchement une ardeur si constante ;
Vengez-moi de ce trait qui doit vous faire horreur.

ÉLIANTE

Moi, vous venger ! Comment ?

ALCESTE

En recevant mon cœur
Acceptez-le, Madame, au lieu de l'infidèle :
C'est par là que je puis prendre vengeance d'elle ;
1255 Et je la veux punir par les sincères vœux,
Par le profond amour, les soins respectueux,
Les devoirs empressés et l'assidu service
Dont ce cœur va vous faire un ardent sacrifice.

ÉLIANTE

Je compatis, sans doute, à ce que vous souffrez,
1260 Et ne méprise point le cœur que vous m'offrez ;
Mais peut-être le mal n'est pas si grand qu'on pense,
Et vous pourrez quitter ce désir de vengeance.
Lorsque l'injure part d'un objet plein d'appas,
On fait force desseins qu'on n'exécute pas :
1265 On a beau voir, pour rompre, une raison puissante,
Une coupable aimée est bientôt innocente ;
Tout le mal qu'on lui veut se dissipe aisément,
Et l'on sait ce que c'est qu'un courroux d'un amant.

ALCESTE

Non, non, Madame, non : l'offense est trop mortelle,
1270 Il n'est point de retour, et je romps avec elle ;

Rien ne saurait changer le dessein que j'en fais,
Et je me punirais de l'estimer jamais.
La voici. Mon courroux redouble à cette approche ;
Je vais de sa noirceur lui faire un vif reproche,
Pleinement la confondre, et vous porter après   1275
Un cœur tout dégagé de ses trompeurs attraits.

SCÈNE III

CÉLIMÈNE, ALCESTE

ALCESTE [, *à part*. 1734]

Ô Ciel ! de mes transports puis-je être ici le maître ?

CÉLIMÈNE [, *à part*. 1734]

Ouais[1] !

[*À Alceste*. 1734]

Quel est donc le trouble où je vous vois paraître ?
Et que me veulent dire et ces soupirs poussés,
Et ces sombres regards que sur moi vous lancez ?   1280

ALCESTE

Que toutes les horreurs dont une âme est capable
À vos déloyautés n'ont rien de comparable ;
Que le sort, les démons, et le Ciel en courroux

1. *Ouais* : interjection familière traduisant la surprise.

N'ont jamais rien produit de si méchant que vous[1].

CÉLIMÈNE

1285 Voilà certainement des douceurs que j'admire.

ALCESTE

Ah ! ne plaisantez point, il n'est pas temps de rire :
Rougissez bien plutôt, vous en avez raison[2] ;
Et j'ai de sûrs témoins de votre trahison.
Voilà ce que marquaient les troubles de mon âme :
1290 Ce n'était pas en vain que s'alarmait ma flamme ;
Par ces fréquents soupçons, qu'on trouvait odieux,
Je cherchais le malheur qu'ont rencontré mes yeux ;
Et malgré tous vos soins et votre adresse à feindre,
Mon astre[3] me disait ce que j'avais à craindre.
1295 Mais ne présumez pas que, sans être vengé,
Je souffre le dépit de me voir outragé.
Je sais que sur les vœux on n'a point de puissance,
Que l'amour veut partout naître sans dépendance,
Que jamais par la force on n'entra dans un cœur,
1300 Et que toute âme est libre à nommer son vainqueur.
Aussi ne trouverais-je aucun sujet de plainte,
Si pour moi votre bouche avait parlé sans feinte ;

1. Cette attaque d'Alceste (v. 1281-1284) reprend sans modification une réplique de Dom Garcie (IV, 8, v. 1260-1263).
2. *Avoir raison* : avoir sujet. Du vers 1287 au vers 1310, la tirade d'Alceste reproduit, avec quelques modifications mineures, la tirade accusatrice que Dom Garcie adressait à Done Elvire dans la scène 8 du quatrième acte (v. 1274-1297).
3. La croyance à l'astrologie a fait du mot *astre* un équivalent de « destinée ».

Et, rejetant[1] mes vœux dès le premier abord,
Mon cœur n'aurait eu droit de s'en prendre qu'au sort.
Mais d'un aveu trompeur voir ma flamme applaudie,   1305
C'est une trahison, c'est une perfidie,
Qui ne saurait trouver de trop grands châtiments,
Et je puis tout permettre à mes ressentiments.
Oui, oui, redoutez tout après un tel outrage ;
Je ne suis plus à moi, je suis tout à la rage :   1310
Percé du coup mortel dont vous m'assassinez[2],
Mes sens par la raison ne sont plus gouvernés,
Je cède aux mouvements d'une juste colère,
Et je ne réponds pas de ce que je puis faire.

CÉLIMÈNE

D'où vient donc, je vous prie, un tel emportement[3] ?   1315
Avez-vous, dites-moi, perdu le jugement ?

ALCESTE

Oui, oui, je l'ai perdu, lorsque dans votre vue
J'ai pris, pour mon malheur, le poison qui me tue,
Et que j'ai cru trouver quelque sincérité

1. *Rejetant* : si vous aviez rejeté mon amour.
2. On entend dans ce vers comme un écho des fameuses stances de Rodrigue dans *Le Cid* :

> *Percé jusques au fond du cœur*
> *D'une atteinte imprévue aussi bien que mortelle*
>   (I, 7, v. 293-294)

Transposée dans le cadre de la comédie, la plainte souligne la violence des sentiments d'Alceste, mais en atténue le pathétique par un effet perceptible de parodie.
3. Ce mouvement (v. 1315-1322) transpose la partie centrale de la scène 5 du deuxième acte de *Dom Garcie* (v. 551-567).

1320 Dans les traîtres appas dont je fus enchanté.

CÉLIMÈNE

De quelle trahison pouvez-vous donc vous plaindre ?

ALCESTE

Ah ! que ce cœur est double et sait bien l'art de feindre !
Mais pour le mettre à bout, j'ai des moyens tous[1] prêts :
Jetez ici les yeux, et connaissez vos traits ;
1325 Ce billet découvert[2] suffit pour vous confondre,
Et contre ce témoin on n'a rien à répondre.

CÉLIMÈNE

Voilà donc le sujet qui vous trouble l'esprit ?

ALCESTE

Vous ne rougissez pas en voyant cet écrit ?

CÉLIMÈNE

Et par quelle raison faut-il que j'en rougisse ?

ALCESTE

1330 Quoi ? vous joignez ici l'audace à l'artifice ?
Le désavouerez-vous, pour n'avoir point de seing[3] ?

---

1. L'accord de *tout* dans cet emploi adverbial est d'usage courant au XVIIe siècle (voir p. 73, n. 1).
2. *Ce billet découvert* : la révélation de ce billet.
3. *Pour n'avoir pas de seing* : parce qu'il ne porte pas de signature.

CÉLIMÈNE

Pourquoi désavouer un billet de ma main ?

ALCESTE

Et vous pouvez le voir sans demeurer confuse
Du crime dont vers moi[1] son style vous accuse ?

CÉLIMÈNE

Vous êtes, sans mentir, un grand extravagant.   1335

ALCESTE

Quoi ? vous bravez ainsi ce témoin convaincant ?
Et ce qu'il m'a fait voir de douceur pour Oronte
N'a donc rien qui m'outrage, et qui vous fasse honte ?

CÉLIMÈNE

Oronte ! Qui vous dit que la lettre est pour lui ?

ALCESTE

Les gens qui dans mes mains l'ont remise aujourd'hui.   1340
Mais je veux consentir qu'elle soit pour un autre :
Mon cœur en a-t-il moins à se plaindre du vôtre ?
En serez-vous vers moi moins coupable en effet ?

CÉLIMÈNE

Mais si c'est une femme à qui va ce billet,

1. *Vers moi* : envers moi (voir un peu plus loin, v. 1343).

1345 En quoi vous blesse-t-il ? et qu'a-t-il de coupable [1] ?

ALCESTE

Ah ! le détour est bon, et l'excuse admirable.
Je ne m'attendais pas, je l'avoue, à ce trait,
Et me voilà, par là, convaincu tout à fait.
Osez-vous recourir à ces ruses grossières ?
1350 Et croyez-vous les gens si privés de lumières ?
Voyons, voyons un peu par quel biais, de quel air,
Vous voulez soutenir un mensonge si clair,
Et comment vous pourrez tourner pour une femme
Tous les mots d'un billet qui montre tant de flamme ?
1355 Ajustez, pour couvrir un manquement de foi,
Ce que je m'en vais lire...

CÉLIMÈNE

                    Il ne me plaît pas, moi.
Je vous trouve plaisant d'user d'un tel empire,
Et de me dire au nez ce que vous m'osez dire.

ALCESTE

Non, non : sans s'emporter, prenez un peu souci
1360 De me justifier les termes que voici.

CÉLIMÈNE

Non, je n'en veux rien faire ; et dans cette occurrence,

1. Ce « détour » a des origines anciennes, puisqu'il fait partie des ruses dont Ovide, au livre III de *L'Art d'aimer*, recommandait l'usage en vue de protéger le secret des correspondances amoureuses. Mais Célimène ment-elle lorsqu'elle affirme que son billet aurait pu être écrit à une femme ?

Tout ce que vous croirez m'est de peu d'importance.

ALCESTE

De grâce, montrez-moi, je serai satisfait,
Qu'on peut pour une femme expliquer ce billet.

CÉLIMÈNE

Non, il est pour Oronte, et je veux qu'on le croie[1] ;   1365
Je reçois tous ses soins avec beaucoup de joie ;
J'admire ce qu'il dit, j'estime ce qu'il est,
Et je tombe d'accord de tout ce qu'il vous plaît.
Faites, prenez parti, que rien ne vous arrête,
Et ne me rompez pas davantage la tête.   1370

ALCESTE [, *à part.* 1734]

Ciel ! rien de plus cruel peut-il être inventé[2] ?
Et jamais cœur fut-il de la sorte traité ?
Quoi ? d'un juste courroux je suis ému contre elle,
C'est moi qui me viens plaindre, et c'est moi qu'on
                                                [querelle !
On pousse ma douleur et mes soupçons à bout,   1375
On me laisse tout croire, on fait gloire de tout ;
Et cependant mon cœur est encore assez lâche

1. Par un mouvement analogue, Done Elvire, dans la scène 5
de *Dom Garcie*, refuse de donner satisfaction à son accusateur :

> *Non, c'est pour un amant que ma main l'a formé,*
> *Et j'ajoute de plus, pour un amant aimé.*
>   (v. 574-575)

2. Cf. *Dom Garcie de Navarre*, IV, 8, v. 1390-1391 :

> *Juste Ciel ! jamais rien peut-il être inventé*
> *Avec plus d'artifice et de déloyauté ?*

Pour ne pouvoir briser la chaîne qui l'attache,
Et pour ne pas s'armer d'un généreux mépris
1380 Contre l'ingrat objet dont il est trop épris !

[*À Célimène.* 1734]

Ah ! que vous savez bien ici, contre moi-même,
Perfide, vous servir de ma faiblesse extrême,
Et ménager pour vous l'excès prodigieux
De ce fatal amour né de vos traîtres yeux [1] !
1385 Défendez-vous au moins d'un crime qui m'accable,
Et cessez d'affecter d'être envers moi coupable ;
Rendez-moi, s'il se peut, ce billet innocent [2] :
À vous prêter les mains [3] ma tendresse consent ;
Efforcez-vous ici de paraître fidèle,
1390 Et je m'efforcerai, moi, de vous croire telle.

CÉLIMÈNE

Allez, vous êtes fou, dans vos transports jaloux,
Et ne méritez pas l'amour qu'on a pour vous.
Je voudrais bien savoir qui pourrait me contraindre
À descendre pour vous aux bassesses de feindre,
1395 Et pourquoi, si mon cœur penchait d'autre côté,
Je ne le dirais pas avec sincérité.
Quoi ? de mes sentiments l'obligeante assurance
Contre tous vos soupçons ne prend pas ma défense ?
Auprès d'un tel garant, sont-ils de quelque poids ?

---

1. Cette apostrophe à Célimène (v. 1381-1384) reprend presque sans changement quatre vers de Dom Garcie à Done Elvire (IV, 8, v. 1396-1399).
2. Faites que je puisse croire à l'innocence de ce billet.
3. *Prêter les mains* : apporter son aide.

N'est-ce pas m'outrager que d'écouter leur voix ?   1400
Et puisque notre cœur fait un effort extrême
Lorsqu'il peut se résoudre à confesser qu'il aime,
Puisque l'honneur du sexe, ennemi de nos feux,
S'oppose fortement à de pareils aveux,
L'amant qui voit pour lui franchir un tel obstacle   1405
Doit-il impunément douter de cet oracle ?
Et n'est-il pas coupable en ne s'assurant pas
À ce qu'on ne dit point qu'après de grands combats [1] ?
Allez, de tels soupçons méritent ma colère,
Et vous ne valez pas que l'on vous considère :   1410
Je suis sotte, et veux mal à ma simplicité
De conserver encor pour vous quelque bonté ;
Je devrais autre part attacher mon estime,
Et vous faire un sujet de plainte légitime.

ALCESTE

Ah ! traîtresse, mon faible est étrange pour vous !   1415
Vous me trompez sans doute avec des mots si doux ;
Mais il n'importe, il faut suivre ma destinée :
À votre foi mon âme est toute abandonnée ;
Je veux voir, jusqu'au bout, quel sera votre cœur,
Et si de me trahir il aura la noirceur.   1420

---

1. Cette élégante variation (v. 1401-1408) sur le thème de l'aveu difficile reprend, avec peu de changements, huit vers prononcés par Done Elvire dans la première scène de l'acte III de *Dom Garcie* (v. 804-811). Sur « cet aveu qui fait tant de peine », voir *Les Précieuses ridicules*, scène 4 (Molière, *Œuvres complètes*, Pléiade, t. I, p. 268).

CÉLIMÈNE

Non, vous ne m'aimez point comme il faut que l'on
[aime[1].

ALCESTE

Ah ! rien n'est comparable à mon amour extrême ;
Et dans l'ardeur qu'il a de se montrer à tous,
Il va jusqu'à former des souhaits contre vous[2].
1425 Oui, je voudrais qu'aucun ne vous trouvât aimable,
Que vous fussiez réduite en un sort misérable,
Que le Ciel, en naissant, ne vous eût donné rien,
Que vous n'eussiez ni rang, ni naissance, ni bien,
Afin que de mon cœur l'éclatant sacrifice
1430 Vous pût d'un pareil sort réparer l'injustice,
Et que j'eusse la joie et la gloire, en ce jour,
De vous voir tenir tout des mains de mon amour.

CÉLIMÈNE

C'est me vouloir du bien d'une étrange manière !
Me préserve le Ciel que vous ayez matière... !
1435 Voici Monsieur Du Bois, plaisamment figuré[3].

1. Nouvel écho de *Dom Garcie* (I, 3, v. 248) : « Quand vous
saurez m'aimer comme il faut que l'on aime. »
2. Les sentiments d'Alceste et quelques-unes de ses expressions
se trouvent dans la scène 3 de l'acte Iᵉʳ de *Dom Garcie* (v. 217-
226). Mais cette passion dévorante, qui confine au délire possessif, révèle aussi un égoïsme forcené dont Arnolphe illustrait les
menaces. On comprend que Célimène ne soit guère séduite par de
pareils vœux.
3. *Figuré* : accoutré. L'expression « Monsieur Du Bois » appli-
quée à un valet rend un son moqueur.

SCÈNE IV

DU BOIS, CÉLIMÈNE, ALCESTE

ALCESTE

Que veut cet équipage[1], et cet air effaré ?
Qu'as-tu ?

DU BOIS

Monsieur...

ALCESTE

Hé bien !

DU BOIS

Voici bien des mystères.

ALCESTE

Qu'est-ce ?

1. *Équipage* : équipement destiné au voyage. Parmi les accessoires nécessaires à la représentation, le *Mémoire* des décorateurs
de l'Hôtel de Bourgogne indique des bottes. Elles sont ici portées
par Du Bois, qui s'est habillé en courrier en vue de prendre la
fuite avec son maître. Ce déguisement comique est de l'invention
de Molière. En revanche, l'idée des maladresses plaisantes du
messager a pu être inspirée par la scène 7 de l'acte II de la comédie de Quinault, *L'Amant indiscret ou le Maître étourdi*, créée en
1654 et imprimée dix ans plus tard.

DU BOIS

Nous sommes mal, Monsieur, dans nos
[affaires.

ALCESTE

Quoi ?

DU BOIS

Parlerai-je haut ?

ALCESTE

Oui, parle, et promptement.

DU BOIS

1440 N'est-il point là quelqu'un... ?

ALCESTE

Ah ! que d'amusement !

Veux-tu parler ?

DU BOIS

Monsieur, il faut faire retraite.

ALCESTE

Comment ?

DU BOIS

Il faut d'ici déloger sans trompette[1].

1. Locution familière, d'origine militaire. « On dit qu'il faut déloger sans *trompette* quand on chasse quelqu'un, quand on
l'oblige de s'enfuir avec précipitation » (F.).

ALCESTE

Et pourquoi ?

DU BOIS

Je vous dis qu'il faut quitter ce lieu.

ALCESTE

La cause ?

DU BOIS

Il faut partir, Monsieur, sans dire adieu.

ALCESTE

Mais par quelle raison me tiens-tu ce langage ?   1445

DU BOIS

Par la raison, Monsieur, qu'il faut plier bagage.

ALCESTE

Ah ! je te casserai la tête assurément,
Si tu ne veux, maraud, t'expliquer autrement.

DU BOIS

Monsieur, un homme noir et d'habit et de mine[1]

---

1. Cet homme vêtu de noir, à la mine sombre, est le sergent ou huissier chargé de signifier à Alceste la perte de son procès. Sur cet emploi d'officier de justice, voir Monsieur Loyal dans la scène 4 de l'acte V du *Tartuffe* : le personnage porte un justau-corps noir, et il ne déplairait pas à Damis d'appliquer sur ce « noir jupon » (v. 1767) quelques coups de bâton.

1450 Est venu nous laisser, jusque dans la cuisine,
Un papier griffonné d'une telle façon,
Qu'il faudrait, pour le lire, être pis que démon.
C'est de votre procès, je n'en fais aucun doute ;
Mais le diable d'enfer, je crois, n'y verrait goutte.

ALCESTE

1455 Hé bien ? quoi ? ce papier, qu'a-t-il à démêler,
Traître, avec le départ dont tu viens me parler ?

DU BOIS

C'est pour vous dire ici, Monsieur, qu'une heure ensuite,
Un homme qui souvent vous vient rendre visite
Est venu vous chercher avec empressement,
1460 Et ne vous trouvant pas, m'a chargé doucement,
Sachant que je vous sers avec beaucoup de zèle,
De vous dire... Attendez, comme est-ce qu'il s'appelle ?

ALCESTE

Laisse là son nom, traître, et dis ce qu'il t'a dit.

DU BOIS

C'est un de vos amis enfin, cela suffit.
1465 Il m'a dit que d'ici votre péril vous chasse,
Et que d'être arrêté le sort vous y menace.

ALCESTE

Mais quoi ? n'a-t-il voulu te rien spécifier ?

DU BOIS

Non : il m'a demandé de l'encre et du papier,

Et vous a fait un mot, où vous pourrez, je pense,
Du fond de ce mystère avoir la connaissance. 1470

ALCESTE

Donne-le donc.

CÉLIMÈNE

Que peut envelopper ceci ?

ALCESTE

Je ne sais ; mais j'aspire à m'en voir éclairci.
Auras-tu bientôt fait, impertinent au diable[1] ?

DU BOIS, *après l'avoir longtemps cherché.*

Ma foi ! je l'ai, Monsieur, laissé sur votre table.

ALCESTE

Je ne sais qui me tient... 1475

CÉLIMÈNE

Ne vous emportez pas,
Et courez démêler un pareil embarras.

ALCESTE

Il semble que le sort, quelque soin que je prenne,
Ait juré d'empêcher que je vous entretienne ;
Mais pour en triompher, souffrez à mon amour
De vous revoir, Madame, avant la fin du jour[2]. 1480

1. *Impertinent au diable* : digne d'aller au diable (cf. I, 2, v. 334).
2. Rappel discret de l'unité de jour.

ACTE V

SCÈNE PREMIÈRE

ALCESTE, PHILINTE

ALCESTE

La résolution en est prise, vous dis-je.

PHILINTE

Mais, quel que soit ce coup, faut-il qu'il vous oblige ?

ALCESTE

Non : vous avez beau faire et beau me raisonner,
Rien de ce que je dis ne me peut détourner :
1485 Trop de perversité règne au siècle où nous sommes,
Et je veux me tirer du commerce des hommes.
Quoi ? contre ma partie on voit tout à la fois

L'honneur, la probité, la pudeur, et les lois ;
On publie en tous lieux l'équité de ma cause ;
Sur la foi de mon droit mon âme se repose :   1490
Cependant je me vois trompé par le succès ;
J'ai pour moi la justice, et je perds mon procès[1] !
Un traître[2], dont on sait la scandaleuse histoire,
Est sorti triomphant d'une fausseté noire !
Toute la bonne foi cède à sa trahison !   1495
Il trouve, en m'égorgeant, moyen d'avoir raison !
Le poids de sa grimace, où brille l'artifice,
Renverse le bon droit, et tourne[3] la justice !
Il fait par un arrêt couronner son forfait !
Et non content encor du tort que l'on me fait,   1500
Il court parmi le monde un livre abominable,
Et de qui la lecture est même condamnable,
Un livre à mériter la dernière rigueur,
Dont le fourbe a le front de me faire l'auteur[4] !

1. Philinte, dans la scène d'ouverture, avait mis en garde Alceste contre les manœuvres (*brigue*, *cabale*) capables de mettre le bon droit en échec. Les tares de l'institution judiciaire (complexité de la procédure, vénalité des procureurs, incompétence des juges) étaient depuis longtemps dénoncées, et les efforts de Colbert pour réformer la Justice auront une portée limitée. Mais en montrant la nécessité d'une telle réforme, Molière, en 1666, soutenait les intentions du roi et du ministre.

2. Le mot de traître avait été employé par Alceste dans la scène d'exposition (I, 1, v. 125) : le portrait de ce mystérieux adversaire, véritable Tartuffe de la procédure, s'enrichit ici de précisions nouvelles qui donnent à ce personnage dissimulé mais redoutable un relief saisissant.

3. *Tourne* : détourne, fausse.

4. Sur ce « livre abominable » imputé à Molière par ses ennemis, Grimarest, dans sa *Vie de M. de Molière*, apporte le commentaire suivant : « Les hypocrites avaient été tellement irrités par *Le Tartuffe* que l'on fit courir dans Paris un livre terrible, que l'on

1505 Et là-dessus, on voit Oronte qui murmure,
Et tâche méchamment d'appuyer l'imposture !
Lui, qui d'un honnête homme à la cour tient le rang,
À qui je n'ai rien fait qu'être sincère et franc,
Qui me vient, malgré moi, d'une ardeur empressée,
1510 Sur des vers qu'il a faits demander ma pensée ;
Et parce que j'en use avec honnêteté,
Et ne le veux trahir, lui ni la vérité,
Il aide à m'accabler d'un crime imaginaire !
Le voilà devenu mon plus grand adversaire !
1515 Et jamais de son cœur je n'aurai de pardon,
Pour n'avoir pas trouvé que son sonnet fût bon !
Et les hommes, morbleu ! sont faits de cette sorte !
C'est à ces actions que la gloire les porte !
Voilà la bonne foi, le zèle vertueux,
1520 La justice et l'honneur que l'on trouve chez eux !
Allons, c'est trop souffrir les chagrins qu'on nous forge :
Tirons-nous de ce bois et de ce coupe-gorge.
Puisque entre humains ainsi vous vivez en vrais loups[1],
Traîtres, vous ne m'aurez de ma vie avec vous.

---

mettait sur le compte de Molière pour le perdre. C'est à cette occasion qu'il mit dans *Le Misanthrope* les vers suivants » (suit la citation des vers 1500-1507). Le pamphlet manuscrit publié en 1883 par Louis-Auguste Ménard (Firmin Didot, 2 vol.) traite du procès de Foucquet et a sans doute été composé en décembre 1664 : les raisons d'y reconnaître l'ouvrage mentionné dans *Le Misanthrope* sont faibles, et l'affaire du « livre abominable » garde, à ce jour, son mystère.

1. Le propos d'Alceste fait écho à la célèbre formule de Thomas Hobbes, *Homo homini lupus*.

PHILINTE

Je trouve un peu bien prompt le dessein où vous êtes,   1525
Et tout le mal n'est pas si grand que vous le faites :
Ce que votre partie ose vous imputer
N'a point eu le crédit de vous faire arrêter ;
On voit son faux rapport lui-même se détruire,
Et c'est une action qui pourrait bien lui nuire.   1530

ALCESTE

Lui ? De semblables tours il ne craint point l'éclat ;
Il a permission d'être franc scélérat ;
Et loin qu'à son crédit nuise cette aventure,
On l'en verra demain en meilleure posture.

PHILINTE

Enfin il est constant qu'on n'a point trop donné[1]   1535
Au bruit que contre vous sa malice a tourné :
De ce côté déjà vous n'avez rien à craindre ;
Et pour votre procès, dont vous pouvez vous plaindre,
Il vous est en justice aisé d'y revenir,
Et contre cet arrêt...   1540

ALCESTE

Non : je veux m'y tenir.
Quelque sensible tort qu'un tel arrêt me fasse,
Je me garderai bien de vouloir qu'on le casse :
On y voit trop à plein le bon droit maltraité,

---

1. *Donné au bruit*, prêté attention à la calomnie (cf. donner dans le panneau, dans le piège).

Et je veux qu'il demeure à la postérité
1545 Comme une marque insigne, un fameux témoignage
De la méchanceté des hommes de notre âge.
Ce sont vingt mille francs qu'il m'en pourra coûter[1] ;
Mais, pour vingt mille francs, j'aurai droit de pester
Contre l'iniquité de la nature humaine,
1550 Et de nourrir pour elle une immortelle haine[2].

PHILINTE

Mais enfin...

ALCESTE

            Mais enfin, vos soins sont superflus :
Que pouvez-vous, Monsieur, me dire là-dessus ?
Aurez-vous bien le front de me vouloir en face
Excuser les horreurs de tout ce qui se passe ?

PHILINTE

1555 Non : je tombe d'accord de tout ce qu'il vous plaît[3] ;
Tout marche par cabale et par pur intérêt ;
Ce n'est plus que la ruse aujourd'hui qui l'emporte,
Et les hommes devraient être faits d'autre sorte.
Mais est-ce une raison que leur peu d'équité

1. Si l'on estime la valeur de la livre (ou franc) sous Louis XIV
à 30 F d'aujourd'hui, on voit qu'Alceste achète assez cher le
« droit de pester » contre l'injustice des hommes.
2. Du vers 114 au vers 1550, la haine d'Alceste pour la nature
humaine, d'« effroyable » qu'elle était, devient « immortelle » : le
Misanthrope, à l'évidence, n'est pas porté à la litote.
3. Le vers 1555 reprend le vers 1368 : mais la différence des
registres est telle que l'on ne peut guère parler de répétition, et
moins encore de négligence.

Pour vouloir se tirer de leur société ?   1560
Tous ces défauts humains nous donnent dans la vie
Des moyens d'exercer notre philosophie :
C'est le plus bel emploi que trouve la vertu ;
Et si de probité tout était revêtu,
Si tous les cœurs étaient francs, justes et dociles,   1565
La plupart des vertus nous seraient inutiles,
Puisqu'on en met l'usage à pouvoir sans ennui
Supporter, dans nos droits, l'injustice d'autrui ;
Et de même qu'un cœur d'une vertu profonde...

ALCESTE

Je sais que vous parlez, Monsieur, le mieux du monde ;   1570
En beaux raisonnements vous abondez toujours ;
Mais vous perdez le temps et tous vos beaux discours.
La raison, pour mon bien, veut que je me retire :
Je n'ai point sur ma langue un assez grand empire ;
De ce que je dirais je ne répondrais pas,   1575
Et je me jetterais cent choses sur les bras.
Laissez-moi, sans dispute[1], attendre Célimène :
Il faut qu'elle consente au dessein qui m'amène ;
Je vais voir si son cœur a de l'amour pour moi,
Et c'est ce moment-ci qui doit m'en faire foi.   1580

PHILINTE

Montons[2] chez Éliante, attendant sa venue.

---

1. *Sans dispute* : sans discussion.
2. Comme on l'a vu au début de la scène 2 de l'acte I (v. 250-253), l'appartement de Célimène se situe au premier étage ; sa cousine Éliante loge au second.

ALCESTE

Non : de trop de souci je me sens l'âme émue.
Allez-vous-en la voir, et me laissez enfin
Dans ce petit coin sombre, avec mon noir chagrin.

PHILINTE

1585 C'est une compagnie étrange pour attendre,
Et je vais obliger[1] Éliante à descendre.

SCÈNE II

ORONTE, CÉLIMÈNE, ALCESTE

ORONTE

Oui, c'est à vous de voir si par des nœuds si doux,
Madame, vous voulez m'attacher tout à vous.
Il me faut de votre âme une pleine assurance :
1590 Un amant là-dessus n'aime point qu'on balance.
Si l'ardeur de mes feux a pu vous émouvoir,
Vous ne devez point feindre[2] à me le faire voir ;
Et la preuve, après tout, que je vous en demande,
C'est de ne plus souffrir qu'Alceste vous prétende[3],

1. *Obliger* : prier, inviter.
2. *Feindre* : hésiter (cf. *L'Avare*, I, 4 : « Nous feignions à vous aborder »).
3. *Prétendre* une personne, c'est la rechercher en mariage (cf. *L'Avare*, IV, 3 : « c'est qu'il faut songer [...] à cesser toutes vos poursuites auprès d'une personne que je prétends pour moi »).

De le sacrifier, Madame, à mon amour,　　1595
Et de chez vous enfin le bannir dès ce jour.

CÉLIMÈNE

Mais quel sujet si grand contre lui vous irrite,
Vous à qui j'ai tant vu parler de son mérite ?

ORONTE

Madame, il ne faut point ces éclaircissements ;
Il s'agit de savoir quels sont vos sentiments.　　1600
Choisissez, s'il vous plaît, de garder l'un ou l'autre :
Ma résolution n'attend rien que la vôtre.

ALCESTE, *sortant du coin où il s'était retiré.*

Oui, Monsieur a raison : Madame, il faut choisir,
Et sa demande ici s'accorde à mon désir.
Pareille ardeur me presse, et même soin m'amène ;　　1605
Mon amour veut du vôtre une marque certaine,
Les choses ne sont plus pour traîner en longueur,
Et voici le moment d'expliquer votre cœur[1].

ORONTE

Je ne veux point, Monsieur, d'une flamme importune
Troubler aucunement votre bonne fortune.　　1610

---

1. *Expliquer votre cœur* : découvrir, faire connaître clairement vos sentiments (cf. v. 562 : « faire expliquer votre âme » ; voir aussi *Les Femmes savantes*, I, 2, v. 122 : « Entre elle et moi, Clitandre, expliquez votre cœur »).

ALCESTE

Je ne veux point, Monsieur, jaloux ou non jaloux,
Partager de son cœur rien du tout avec vous.

ORONTE

Si votre amour au mien lui semble préférable...

ALCESTE

Si du moindre penchant elle est pour vous capable...

ORONTE

1615 Je jure de n'y rien prétendre désormais.

ALCESTE

Je jure hautement de ne la voir jamais.

ORONTE

Madame, c'est à vous de parler sans contrainte.

ALCESTE

Madame, vous pouvez vous expliquer sans crainte.

ORONTE

Vous n'avez qu'à nous dire où s'attachent vos vœux.

ALCESTE

1620 Vous n'avez qu'à trancher, et choisir de nous deux.

ORONTE

Quoi ? sur un pareil choix vous semblez être en peine !

ALCESTE

Quoi ? votre âme balance et paraît incertaine !

CÉLIMÈNE

Mon Dieu ! que cette instance est là hors de saison,
Et que vous témoignez, tous deux, peu de raison !
Je sais prendre parti sur cette préférence,   1625
Et ce n'est pas mon cœur maintenant qui balance ;
Il n'est point suspendu, sans doute, entre vous deux,
Et rien n'est si tôt fait que le choix de nos vœux.
Mais je souffre, à vrai dire, une gêne trop forte
À prononcer en face un aveu de la sorte :   1630
Je trouve que ces mots qui sont désobligeants
Ne se doivent point dire en présence des gens ;
Qu'un cœur de son penchant donne assez de lumière,
Sans qu'on nous fasse aller jusqu'à rompre en visière[1] ;
Et qu'il suffit enfin que de plus doux témoins   1635
Instruisent un amant du malheur de ses soins.

ORONTE

Non, non, un franc aveu n'a rien que j'appréhende :
J'y consens pour ma part.

ALCESTE

          Et moi, je le demande :
C'est son éclat surtout qu'ici j'ose exiger,
Et je ne prétends point vous voir rien ménager.   1640
Conserver tout le monde est votre grande étude ;

1. *Rompre en visière* : p. 51, n. 2

Mais plus d'amusement, et plus d'incertitude :
Il faut vous expliquer nettement là-dessus,
Ou bien pour un arrêt je prends votre refus ;
1645 Je saurai, de ma part, expliquer ce silence,
Et me tiendrai pour dit tout le mal que j'en pense.

ORONTE

Je vous sais fort bon gré, Monsieur, de ce courroux,
Et je lui dis ici même chose que vous.

CÉLIMÈNE

Que vous me fatiguez avec un tel caprice !
1650 Ce que vous demandez a-t-il de la justice ?
Et ne vous dis-je pas quel motif me retient ?
J'en vais prendre pour juge Éliante qui vient.

SCÈNE III

ÉLIANTE, PHILINTE, CÉLIMÈNE, ORONTE, ALCESTE

CÉLIMÈNE

Je me vois, ma cousine, ici persécutée
Par des gens dont l'humeur y paraît[1] concertée.
1655 Ils veulent l'un et l'autre, avec même chaleur,
Que je prononce entre eux le choix que fait mon cœur,
Et que, par un arrêt qu'en face il me faut rendre,

1. *Y paraît* : paraît s'accorder pour me persécuter.

Je défende à l'un d'eux tous les soins qu'il peut prendre,
Dites-moi si jamais cela se fait ainsi.

ÉLIANTE

N'allez point là-dessus me consulter ici :   1660
Peut-être y pourriez-vous être mal adressée,
Et je suis pour les gens qui disent leur pensée.

ORONTE

Madame, c'est en vain que vous vous défendez.

ALCESTE

Tous vos détours ici seront mal secondés.

ORONTE

Il faut, il faut parler, et lâcher la balance[1].   1665

ALCESTE

Il ne faut que poursuivre à garder le silence[2].

ORONTE

Je ne veux qu'un seul mot pour finir nos débats.

ALCESTE

Et moi, je vous entends si vous ne parlez pas.

---

1. *Lâcher la balance* : cesser de maintenir un équilibre factice et laisser faire à la balance son office ; en d'autres termes, en finir avec l'incertitude.
2. Le silence de Célimène aurait, pour Alceste, valeur de refus (cf. v. 1645-1646 et v. 1668).

SCÈNE DERNIÈRE

ACASTE, CLITANDRE, ARSINOÉ, PHILINTE, ÉLIANTE, ORONTE,
CÉLIMÈNE, ALCESTE

ACASTE [, *à Célimène.* 1734]

Madame, nous venons tous deux, sans vous déplaire,
1670 Éclaircir avec vous une petite affaire.

CLITANDRE [, *à Oronte et à Alceste.* 1734]

Fort à propos, Messieurs, vous vous trouvez ici,
Et vous êtes mêlés dans cette affaire aussi.

ARSINOÉ [, *à Célimène.* 1734]

Madame, vous serez surprise de ma vue ;
Mais ce sont ces Messieurs qui causent ma venue :
1675 Tous deux ils m'ont trouvée, et se sont plaints à moi
D'un trait à qui mon cœur ne saurait prêter foi.
J'ai du fond de votre âme une trop haute estime,
Pour vous croire jamais capable d'un tel crime :
Mes yeux ont démenti leurs témoins les plus forts[1] ;
1680 Et l'amitié passant sur de petits discords[2],

1. Mes yeux ont refusé de croire aux témoignages les plus forts
que ces Messieurs m'ont présentés.
2. « *Discord* pour *discorde* », écrit Vaugelas, « ne vaut rien en
prose, mais il est bon en vers ». Cette forme, à l'âge classique, est
perçue comme vieillie.

J'ai bien voulu chez vous leur faire compagnie,
Pour vous voir vous laver de cette calomnie.

ACASTE

Oui, Madame, voyons, d'un esprit adouci,
Comment vous vous prendrez à soutenir ceci.
Cette lettre par vous est écrite à Clitandre ?   1685

CLITANDRE

Vous avez pour Acaste écrit ce billet tendre ?

ACASTE [, *à Oronte et à Alceste.* 1734]

Messieurs, ces traits pour vous n'ont point d'obscurité,
Et je ne doute pas que sa civilité[1]
À connaître sa main n'ait trop su vous instruire ;
Mais ceci vaut assez la peine de le lire.   1690

Vous êtes un étrange homme[2] *de condamner mon en-
jouement, et de me reprocher que je n'ai jamais tant de
joie que lorsque je ne suis pas avec vous. Il n'y a rien
de plus injuste ; et si vous ne venez bien vite me demander pardon de cette offense, je ne vous la pardonnerai
de ma vie. Notre grand flandrin de Vicomte...*

Il devrait être ici.

1. *Civilité*, dans la bouche de Clitandre, rend un son sarcastique :
comprenons que la propension de Célimène à écrire relève plus du
jeu de la coquetterie que des convenances de la simple politesse.
2. L'édition de 1682, suivie par celle de 1734, précise l'identité
du destinataire du billet que lit Acaste : « Vous êtes un étrange
homme, Clitandre, de condamner, etc. »

Notre grand flandrin de Vicomte[1]*, par qui vous com-
mencez vos plaintes, est un homme qui ne saurait me
revenir ; et depuis que je l'ai vu, trois quarts d'heure
durant, cracher dans un puits pour faire des ronds*[2]*, je
n'ai pu jamais prendre bonne opinion de lui. Pour le
petit Marquis...*

C'est moi-même, Messieurs, sans nulle vanité.

*Pour le petit Marquis, qui me tint hier longtemps la
main*[3]*, je trouve qu'il n'y a rien de si mince que toute
sa personne ; et ce sont de ces mérites qui n'ont que la
cape et l'épée*[4]*. Pour l'homme aux rubans verts*[5]*...*

1. Ce soupirant de Célimène, qui n'apparaît pas sur la scène,
grossit le nombre des « amants » de la coquette. Le mot *flandrin*,
d'un registre trop familier, ne figure pas dans les dictionnaires du
XVIIe siècle : formé sur le mot Flandre, il s'agit, selon Littré, d'un
« sobriquet péjoratif donné aux gens grands et fluets, à cause de
la haute taille qui est ordinaire chez les Flamands ».
2. Grimarest rapporte que Molière ne voulut point effacer de sa
comédie ce trait d'un comique trivial, que la princesse Henriette
d'Angleterre, Madame, estimait indigne d'un si bon ouvrage : « Mais
Molière avait son original, il voulait le mettre sur le théâtre. »
3. La politesse demande à un galant homme de tenir la main
de la dame qu'il accompagne : c'est, d'après le vers 1128, ce que
fait Alceste lorsque, à la fin du troisième acte, il raccompagne
Arsinoé chez elle.
4. « On dit [...] qu'un homme n'a que l'épée et la cape pour
dire qu'il n'a rien vaillant [rien qui vaille], qu'il n'a aucune
fortune établie. On le dit figurément de toutes les choses qui n'ont
ni valeur ni mérite, mais seulement un peu d'apparence. [...] C'est
un mérite qui n'a que l'épée et la cape » (F.).
5. Il s'agit d'Alceste. La description du costume du Misanthrope dans l'inventaire après décès des biens de Molière indi-

[*À Alceste.* 1734]

À vous le dé[1], Monsieur.

Pour l'homme aux rubans verts, il me divertit quelque-
fois avec ses brusqueries et son chagrin bourru ; mais
il est cent moments où je le trouve le plus fâcheux du
monde. Et pour l'homme à la veste[2]...

[*À Oronte.* 1734]

Voici votre paquet[3].

Et pour l'homme à la veste, qui s'est jeté dans le bel
esprit et veut être auteur malgré tout le monde, je ne
puis me donner la peine d'écouter ce qu'il dit ; et sa
prose me fatigue autant que ses vers. Mettez-vous donc
en tête que je ne me divertis pas toujours si bien que
vous pensez ; que je vous trouve à dire[4] *plus que je ne*
voudrais, dans toutes les parties où l'on m'entraîne ; et

---

que qu'Alceste portait un « justaucorps de brocart rayé or et soie
gris, doublé de tabis, garni de ruban vert ».

1. *À vous le dé* : à votre tour (vocabulaire du jeu).

2. Il s'agit d'Oronte. Les éditions de 1682 et de 1734, pour
désigner plus clairement le personnage, ont substitué à l'expression « l'homme à la veste » la formule « l'homme au sonnet ».
Comme les rubans verts d'Alceste, la veste d'Oronte attire l'attention : sans doute parce que ce dernier se pique un peu trop d'élégance, alors que le premier suit son goût, sans trop se préoccuper
de la mode.

3. *Votre paquet* : au propre, votre courrier ; par extension, votre
part.

4. *Je vous trouve à dire* : vous me manquez, je regrette votre
absence.

que c'est un merveilleux assaisonnement aux plaisirs qu'on goûte que la présence des gens qu'on aime.

CLITANDRE

Me voici maintenant moi.

Votre Clitandre dont vous me parlez, et qui fait tant le doucereux, est le dernier des hommes pour qui j'aurais de l'amitié. Il est extravagant de se persuader qu'on l'aime ; et vous l'êtes de croire qu'on ne vous aime pas. Changez, pour être raisonnable, vos sentiments contre les siens ; et voyez-moi le plus que vous pourrez pour m'aider à porter[1] *le chagrin d'en être obsédée*[2].

D'un fort beau caractère on voit là le modèle,
Madame, et vous savez comment cela s'appelle ?
Il suffit : nous allons l'un et l'autre en tous lieux
Montrer de votre cœur le portrait glorieux[3].

ACASTE

1695 J'aurais de quoi vous dire, et belle est la matière ;
Mais je ne vous tiens pas digne de ma colère ;
Et je vous ferai voir que les petits marquis
Ont, pour se consoler, des cœurs du plus haut prix[4].

---

1. *Porter* : supporter.
2. *Obsédée* : importunée par ses assiduités.
3. *Le portrait glorieux* : l'image qui fera votre réputation (la formule est évidemment ironique).
4. *VAR* : de plus haut prix (1682, 1734).

ORONTE

Quoi ? de cette façon je vois qu'on me déchire,
Après tout ce qu'à moi je vous ai vu m'écrire !   1700
Et votre cœur, paré de beaux semblants d'amour,
À tout le genre humain se promet tour à tour !
Allez, j'étais trop dupe, et je vais ne plus l'être.
Vous me faites un bien, me faisant vous connaître :
J'y profite d'un cœur[1] qu'ainsi vous me rendez,   1705
Et trouve ma vengeance en ce que vous perdez.

(À Alceste.)

Monsieur, je ne fais plus d'obstacle à votre flamme,
Et vous pouvez conclure affaire avec Madame.

ARSINOÉ [, *à Célimène.* 1734]

Certes, voilà le trait du monde le plus noir ;
Je ne m'en saurais taire, et me sens émouvoir.   1710
Voit-on des procédés qui soient pareils aux vôtres ?
Je ne prends point de part aux intérêts des autres ;

[*Montrant Alceste.* 1734]

Mais Monsieur, que chez vous fixait votre bonheur,
Un homme comme lui, de mérite et d'honneur,
Et qui vous chérissait avec idolâtrie,   1715
Devait-il... ?

ALCESTE

Laissez-moi, Madame, je vous prie,

1. *J'y profite d'un cœur* : j'y gagne un cœur.

Vuider mes intérêts[1] moi-même là-dessus,
Et ne vous chargez point de ces soins superflus.
Mon cœur a beau vous voir prendre ici sa querelle[2],
1720 Il n'est point en état de payer ce grand zèle ;
Et ce n'est pas à vous que je pourrai songer,
Si par un autre choix je cherche à me venger.

ARSINOÉ

Hé ! croyez-vous, Monsieur, qu'on ait cette pensée,
Et que de vous avoir on soit tant empressée ?
1725 Je vous trouve un esprit bien plein de vanité,
Si de cette créance il peut s'être flatté.
Le rebut de Madame est une marchandise
Dont on aurait grand tort d'être si fort éprise.
Détrompez-vous, de grâce, et portez-le moins haut[3] :
1730 Ce ne sont pas des gens comme moi qu'il vous faut ;
Vous ferez bien encor de soupirer pour elle,
Et je brûle de voir une union si belle.

(Elle se retire.)

ALCESTE [, *à Célimène.* 1734]

Hé bien ! je me suis tu, malgré ce que je vois,
Et j'ai laissé parler tout le monde avant moi :
1735 Ai-je pris sur moi-même un assez long empire,

1. *Vuider mes intérêts* : vider (constamment écrit *vuider* au XVIIᵉ siècle) « se dit figurément en choses morales et signifie terminer, finir une affaire, un différend » (F.). Voir II, 6, v. 776.
2. *Querelle* : cause, défense.
3. *Le porter haut* : redresser la tête, et par conséquent se montrer fier et hautain.

Et puis-je maintenant... ?

CÉLIMÈNE

Oui, vous pouvez tout dire :
Vous en êtes en droit, lorsque vous vous plaindrez,
Et de me reprocher tout ce que vous voudrez,
J'ai tort, je le confesse, et mon âme confuse
Ne cherche à vous payer d'aucune vaine excuse.   1740
J'ai des autres ici méprisé le courroux,
Mais je tombe d'accord de mon crime envers vous.
Votre ressentiment, sans doute, est raisonnable :
Je sais combien je dois vous paraître coupable,
Que toute chose dit que j'ai pu vous trahir,   1745
Et qu'enfin vous avez sujet de me haïr.
Faites-le, j'y consens.

ALCESTE

Hé ! le puis-je, traîtresse ?
Puis-je ainsi triompher de toute ma tendresse ?
Et quoique avec ardeur je veuille vous haïr,
Trouvé-je un cœur en moi tout prêt à m'obéir ?   1750

(À Éliante et Philinte.)

Vous voyez ce que peut une indigne tendresse,
Et je vous fais tous deux témoins de ma faiblesse.
Mais, à vous dire vrai, ce n'est pas encor tout,
Et vous allez me voir la pousser jusqu'au bout,
Montrer que c'est à tort que sages on nous nomme,   1755
Et que dans tous les cœurs il est toujours de l'homme.

[*À Célimène.* 1734]

Oui, je veux bien, perfide, oublier vos forfaits ;
J'en saurai, dans mon âme, excuser tous les traits,
Et me les couvrirai du nom d'une faiblesse
1760 Où le vice du temps porte votre jeunesse,
Pourvu que votre cœur veuille donner les mains [1]
Au dessein que j'ai fait de fuir tous les humains,
Et que dans mon désert [2], où j'ai fait vœu de vivre,
Vous soyez, sans tarder, résolue à me suivre :
1765 C'est par là seulement que, dans tous les esprits,
Vous pouvez réparer le mal de vos écrits,
Et qu'après cet éclat, qu'un noble cœur abhorre,
Il peut m'être permis de vous aimer encore.

CÉLIMÈNE

Moi, renoncer au monde avant que de vieillir,
1770 Et dans votre désert aller m'ensevelir !

ALCESTE

Et s'il faut qu'à mes feux votre flamme réponde,
Que vous doit importer tout le reste du monde ?
Vos désirs avec moi ne sont-ils pas contents [3] ?

---

1. *Donner les mains* : consentir (cf. IV, 3, v. 1388).
2. Le *désert* d'Alceste (voir I, 1, v. 144 et Lexique, p. 228)
désigne un château à la campagne, une demeure isolée « hors des
grands chemins et éloignée du commerce du monde » (F.). La retraite du Misanthrope est donc très éloignée de la vie érémitique ;
mais cette rupture avec la vie mondaine équivaut malgré tout à
une mort sociale.
3. *Contents* : pleinement satisfaits (voir *contentements*,
v. 1801).

CÉLIMÈNE

La solitude effraye une âme de vingt ans :
Je ne sens point la mienne assez grande, assez forte, 1775
Pour me résoudre à prendre un dessein de la sorte.
Si le don de ma main peut contenter vos vœux,
Je pourrai me résoudre à serrer de tels nœuds ;
Et l'hymen...

ALCESTE

    Non : mon cœur à présent vous déteste[1],
Et ce refus lui seul fait plus que tout le reste. 1780
Puisque vous n'êtes point, en des liens si doux,
Pour trouver tout en moi, comme moi tout en vous,
Allez, je vous refuse, et ce sensible outrage
De vos indignes fers pour jamais me dégage.

    (Célimène se retire, et Alceste parle à Éliante.)

Madame, cent vertus ornent votre beauté, 1785
Et je n'ai vu qu'en vous de la sincérité ;
De vous, depuis longtemps, je fais un cas extrême ;
Mais laissez-moi toujours vous estimer de même ;
Et souffrez que mon cœur, dans ses troubles divers,
Ne se présente point à l'honneur de vos fers : 1790
Je m'en sens trop indigne, et commence à connaître
Que le Ciel pour ce nœud ne m'avait point fait naître ;
Que ce serait pour vous un hommage trop bas

---

1. *Détester* : avoir en horreur. La violence du mot révèle la passion blessée.

Que le rebut d'un cœur[1] qui ne vous valait pas ;
1795 Et qu'enfin...

ÉLIANTE

Vous pouvez suivre cette pensée :
Ma main de se donner n'est pas embarrassée ;
Et voilà votre ami, sans trop m'inquiéter,
Qui, si je l'en priais, la pourrait accepter.

PHILINTE

Ah ! cet honneur, Madame, est toute mon envie,
1800 Et j'y sacrifierais et mon sang et ma vie.

ALCESTE

Puissiez-vous, pour goûter de vrais contentements,
L'un pour l'autre à jamais garder ces sentiments !
Trahi de toutes parts, accablé d'injustices,
Je vais sortir d'un gouffre où triomphent les vices,
1805 Et chercher sur la terre un endroit écarté
Où d'être homme d'honneur on ait la liberté.

PHILINTE

Allons, Madame, allons employer toute chose,
Pour rompre le dessein que son cœur se propose.

---

1. Ce *cœur* est celui de Célimène, le *rebut* est Alceste (cf. le propos d'Arsinoé, v. 1727-1728).

DOSSIER

CHRONOLOGIE

1622-1673

1622   *15 janvier* : baptême à Saint-Eustache de Jean, fils de
        Jean Poquelin, marchand tapissier, et de Marie Cressé.
        Bien que l'acte de baptême le prénomme Jean, l'enfant
        sera appelé Jean-Baptiste. Le pseudonyme de Molière,
        inexpliqué, apparaîtra en 1644.

1632   *11 mai* : Marie Cressé est inhumée au cimetière des
        Innocents : Molière a dix ans. Après une année de veu-
        vage, Jean Poquelin se remarie avec Catherine Fleu-
        rette. Elle meurt trois ans plus tard, le 12 novembre
        1636. Jean Poquelin ne se remariera pas.

1635-1639   Élève des jésuites au collège de Clermont (lycée
        Louis-le-Grand), Jean-Baptiste Poquelin suivit avec
        succès, « en cinq années de temps », précise Grimarest
        dans sa *Vie de M. de Molière* (1705), sa classe d'huma-
        nités et de philosophie.

1640   Grâce au témoignage malveillant mais précis de Le
        Boulanger de Chalussay, l'auteur d'*Élomire hypocon-
        dre* (1670 ; Élomire est l'anagramme de Molière), nous
        savons que J.-B. Poquelin, « en quarante, ou quelque
        peu devant », alla prendre ses « licences » en droit à
        Orléans où, « moyennant [...] pécune », il fut « endoc-
        toré », ce qui lui permit de se faire avocat. Il aban-
        donna le barreau après cinq ou six mois pour devenir

comédien. Un grand-père, sans doute Louis Cressé, lui aurait fait découvrir assez tôt le plaisir du théâtre (Grimarest) ; au cours de ses humanités, son goût de la poésie dramatique se serait fortifié (*Préface* de 1682) ; il est probable enfin qu'au regard d'un jeune homme de vingt ans, la beauté épanouie et l'indépendance d'une jeune comédienne au talent affirmé comme Madeleine Béjart (elle était son aînée de quatre ans) ont paré l'aventure théâtrale d'une puissante séduction.

1643   *30 juin* : au domicile de Marie Hervé, veuve Béjart, un contrat de société est signé entre Denis Beys, Germain Clérin, Jean-Baptiste Poquelin, Joseph Béjart, Nicolas Bonnenfant, Georges Pinel, Madeleine Béjart, Madeleine Malingre, Catherine des Urlis et Geneviève Béjart, lesquels « s'unissent et se lient ensemble pour l'exercice de la comédie à fin de conservation de leur troupe sous le titre de l'Illustre-Théâtre ».

    12 septembre : l'Illustre-Théâtre loue, avec un bail de trois ans, le jeu de paume des Métayers, faubourg Saint-Germain, entre la rue de Seine et la rue des Fossés-de-Nesle (devenue rue Mazarine).

1644-1645   L'Illustre-Théâtre a ouvert le 1ᵉʳ janvier 1644. En dépit d'un répertoire riche de nouveautés, les recettes ne suffisent pas à couvrir les dépenses engagées. Le 19 décembre 1644, le bail du jeu de paume des Métayers est résilié, et un nouveau bail est signé le même jour pour la location du jeu de paume de la Croix-Noire, rue des Barrés, paroisse Saint-Paul. Au lieu du succès attendu, les comédiens doivent faire face aux poursuites des créanciers. À la fin du mois de juillet et dans les premiers jours d'août, Molière, qui fait alors figure de responsable de la troupe, est retenu à deux reprises au Châtelet pour dettes et libéré sous caution. Le 20 septembre 1645, une sentence du Châtelet condamne les comédiens à payer sans délai les sommes dues au propriétaire du jeu de paume de la Croix-

Noire. C'était la fin de l'Illustre-Théâtre. Le règlement des dettes demanda plusieurs années, et Jean Poquelin, en plusieurs occasions, aida son fils à désintéresser les créanciers : quoi qu'on en ait dit, le père de Molière n'avait rien d'un Harpagon.

1646-1651 Molière a quitté Paris à la fin de 1645. Bientôt suivi de Madeleine Béjart et des autres comédiens de la famille, il rejoint la troupe du duc d'Épernon, gouverneur de Guyenne, dirigée par Charles Dufresne. La troupe, qui évolue pour l'ordinaire dans le Sud-Ouest, remonte jusqu'à Nantes et Rennes en 1646 ; en octobre 1647, sa présence est attestée à Carcassonne, à Toulouse et à Albi ; en avril-mai 1648, elle est de nouveau à Nantes ; en 1650, elle joue à Narbonne, Agen, Toulouse et Pézenas, où se tiennent les États de Languedoc.

1652-1653 À partir de 1652, il se confirme que la troupe a choisi d'orienter ses activités vers le Sud-Est et la vallée du Rhône, autour des deux pôles que constituent les villes de Lyon et de Pézenas. À cette date, le duc d'Épernon a cessé de patronner les comédiens ; il est probable que Molière a succédé à Charles Dufresne à la tête de la troupe.

1653 *Septembre* : la troupe de Molière obtient de jouer devant le prince de Conti, frère du Grand Condé. Pendant trois ans, les comédiens jouiront de la protection du prince, porteront son nom et participeront avec profit, chaque année, aux réjouissances qui accompagnent la tenue des États de Languedoc.

1655 Première représentation, à Lyon, de *L'Étourdi*.

1656 *Décembre* : *Le Dépit amoureux*, deuxième comédie en cinq actes et en vers de Molière, est représenté pour la première fois à Béziers, où se tiennent les États de Languedoc.

1657 La conversion du prince de Conti prive la troupe de

Molière d'un protecteur puissant et d'une pension importante.

1658 Molière et sa troupe passent l'hiver à Lyon et sont à Grenoble pour les fêtes de carnaval. Mais après Pâques, les comédiens se dirigent vers Rouen, où ils s'établissent pour l'été en attendant de pouvoir regagner Paris.

Octobre : Molière et ses comédiens, revenus à Paris, obtiennent la protection de Monsieur, frère du roi.

24 octobre : dans la salle des gardes du Vieux-Louvre, Molière interprète devant le roi et la cour *Nicomède* de Corneille (alors âgé de cinquante-deux ans) et « un de ces petits divertissements qui lui avaient acquis quelque réputation et dont il régalait les provinces » (*Préface* de 1682). *Le Docteur amoureux* (texte perdu) plut au roi, qui accorda à la troupe de Monsieur la salle du Petit-Bourbon, en alternance avec les comédiens italiens.

1659 Départ des Italiens. Molière occupe seul la salle du Petit-Bourbon.

18 novembre : *Les Précieuses ridicules*, données à la suite de *Cinna*, reçoivent un accueil favorable ; le succès s'affirme à partir de la deuxième représentation (2 décembre), où le prix des places est doublé ; la pièce restera à l'affiche jusqu'à la clôture de Pâques et au-delà.

1660 *28 mai* : première représentation de *Sganarelle ou le Cocu imaginaire*, et nouveau succès ; la pièce est jouée sans interruption pendant trois mois pour un total de 34 représentations.

11 octobre : début des travaux de démolition de la salle du Petit-Bourbon, en vue de l'édification de la colonnade du Louvre. Les comédiens obtiennent la salle du Palais-Royal.

1661 *4 février* : première représentation de *Dom Garcie de Navarre* au Palais-Royal ; la pièce est accompagnée d'une petite farce, *Gorgibus dans le sac*. Au terme de

7 représentations, la recette tombe à 70 livres et la
pièce est retirée.

24 juin : première de *L'École des maris*, dont le succès
croissant efface l'échec de *Dom Garcie*.

17 août : première représentation des *Fâcheux* à Vaux-
le-Vicomte, dans le château du surintendant des Finan-
ces Foucquet, trois semaines avant l'arrestation de
celui-ci, en présence du roi et de la cour. La pièce est
jouée avec succès au Palais-Royal à partir du 4 novembre 1661 et restera à l'affiche jusqu'à la fin de
février 1662.

1662   *9 janvier* : de retour à Paris, les comédiens italiens par-
tagent avec la troupe de Molière la salle du Palais-
Royal, comme ils avaient partagé celle du Petit-Bourbon en 1659-1660 ; mais ils ont perdu le privilège de
jouer les jours « ordinaires », le mardi, le vendredi et
le dimanche, dont Molière s'est réservé l'usage depuis
leur départ et qui sont jours d'ouverture pour les trou-
pes rivales de l'Hôtel de Bourgogne et du Marais ; les
Italiens doivent donc se contenter des jours « extraordi-
naires » (lundi, mercredi, jeudi, samedi), qui sont con-
sidérés comme moins favorables.

20 février : mariage de Molière et d'Armande Béjart
en l'église de Saint-Germain-l'Auxerrois. L'époux, qui
a passé le cap de la quarantaine, a vingt ans de plus
que sa jeune femme. Armande était officiellement la
jeune sœur de Madeleine, et plus vraisemblablement sa
fille. Si, sur ce point discuté, les affirmations tardives
de Boileau et de Grimarest ne font pas preuve (voir
G. Mongrédien, *Recueil des textes...*, p. 160 et p. 758),
du moins donnent-elles quelque consistance à une ru-
meur que les ennemis de Molière, à l'époque, n'ont pas
manqué d'exploiter dans un sens calomnieux en suggé-
rant l'inceste. Armande donnera trois enfants à Molière, dont seule survivra une fille, Esprit-Madeleine.

26 décembre : première de *L'École des femmes* au Palais-Royal. La pièce est à l'affiche jusqu'à la clôture de Pâques (31 représentations) ; elle poursuivra sa carrière en compagnie de *La Critique de l'École des femmes* du 1er juin au 12 août (33 représentations). Succès éclatant.

1663   *1er juin* : première représentation au Palais-Royal de *La Critique de l'École des femmes*, associée à *L'École des femmes*. Armande (Mlle Molière) fait ses débuts dans le rôle d'Élise :

11-21 octobre : Molière et sa troupe sont à Versailles. La première représentation de *L'Impromptu* a lieu entre le 16 et le 21 octobre, peut-être le 19. Présentée au public parisien sur la scène du Palais-Royal le 4 novembre, la pièce sera jouée régulièrement jusqu'à la fin du mois de décembre, associée à une pièce plus longue.

1664   *29 janvier* : première représentation au Louvre du *Mariage forcé*, deuxième comédie-ballet de Molière. La pièce, avec les intermèdes dansés, est reprise sur la scène du Palais-Royal à partir du 15 février. Quatre ans plus tard, le 24 février 1668, Molière donnera une version remaniée du *Mariage forcé* : la suppression des entrées de ballet transforme alors la pièce en une petite farce en un acte.

30 avril-13 mai : la troupe de Molière est à Versailles pour les fêtes des *Plaisirs de l'île enchantée*, dont le duc de Saint-Aignan, à la demande du roi, avait conçu le dessein. *La Princesse d'Élide*, comédie mêlée de chants et de danse, fut représentée au soir de la deuxième journée, le 8 mai. Molière intervint encore à trois reprises dans les réjouissances qui suivirent ces trois jours de fêtes : le 11 mai, par une représentation des *Fâcheux* ; le 12 mai, en présentant « trois actes du *Tartuffe* qui étaient les trois premiers » (La Grange, *Registre*) ; le 13 mai enfin, avec *Le Mariage forcé*.

20 juin : les comédiens du Palais-Royal créent *La Thébaïde*, première tragédie d'un jeune auteur de vingt-quatre ans, Racine, avec lequel Molière se brouillera l'année suivante lors de la création d'*Alexandre*.

Début août : premier placet au roi à propos du *Tartuffe* interdit.

29 novembre : la comédie de *Tartuffe*, « parfaite, entière et achevée en cinq actes » (*Préface* de 1682), est représentée à la demande du prince de Condé chez la princesse Palatine, Anne de Gonzague, dans sa maison du Raincy, près de Paris.

1665   *15 février* : première représentation de *Dom Juan* au Palais-Royal. La recette (1 830 livres) est supérieure à celle de *L'École des femmes* à ses débuts (1 518 livres) ; elle se maintiendra jusqu'à la clôture de Pâques à un bon niveau pendant 15 représentations successives, dépassant même à quatre reprises le cap des 2 000 livres. Quand, à partir du 14 avril, la troupe reprend ses activités, *Dom Juan* n'est plus à l'affiche, sans doute à la suite d'une intervention discrète du pouvoir.

14 août : le roi attache à son service la troupe de Molière et lui accorde une pension de 7 000 livres.

13-17 septembre : la troupe est à Versailles. Création, le 14 septembre, de la comédie-ballet de *L'Amour médecin*. Après avoir diverti le roi, la « comédie des *Médecins* », dont nul n'ignorait qu'elle jouait les premiers médecins de la cour, fit rire le public parisien. La première représentation sur la scène du Palais-Royal, le 22 septembre, fut un gros succès (1 966 livres). La pièce est à l'affiche pendant cinq mois, et elle restera au répertoire de la troupe.

Décembre 1665-février 1666 : Molière est gravement malade.

1666   *4 juin* : première représentation du *Misanthrope* au Palais-Royal (1 447 livres). La pièce est à l'affiche jusqu'au 1ᵉʳ août (21 représentations). Accueil médiocre : « On n'aimait point tout ce sérieux qui est dans cette pièce » (Grimarest).

6 août : première représentation du *Médecin malgré lui*

au Palais-Royal, farce en trois actes, qui obtient un vif succès.

1ᵉʳ décembre 1666-20 février 1667 : Molière et ses comédiens participent aux divertissements donnés par le roi au château de Saint-Germain-en-Laye. Pour la troisième entrée du grand *Ballet des Muses* conçu par Benserade, la troupe de Molière interpréta, le 2 décembre, les deux premiers actes d'une « comédie pastorale héroïque » en vers, *Mélicerte*, qui restera inachevée. À partir du 5 janvier, Molière substitua à *Mélicerte* la *Pastorale comique*, que nous connaissons seulement par le résumé présenté dans le livret imprimé du *Ballet des Muses*. Le 14 février, le ballet s'enrichissait d'une quatorzième entrée, pour laquelle Molière avait conçu une petite comédie en prose mêlée de musique et de danse, *Le Sicilien ou l'Amour peintre*.

1667   *10 juin* : première représentation au Palais-Royal du *Sicilien ou l'Amour peintre*, avec les entrées de ballet. La pièce reste à l'affiche jusqu'au 24 juillet (17 représentations, recettes modestes).

5 août : le théâtre du Palais-Royal représente *L'Imposteur*, version remaniée du *Tartuffe* (1 890 livres). La pièce est aussitôt interdite par le premier président du Parlement, M. de Lamoignon, puis par l'archevêque de Paris. Deux comédiens de la troupe, La Grange et La Thorillière, sont dépêchés auprès du roi, qui dirige alors le siège de Lille, pour lui présenter un placet dans lequel Molière sollicite la protection du souverain contre « les Tartuffes » qui le persécutent.

1668   *13 janvier* : première représentation d'*Amphitryon* au théâtre du Palais-Royal (1 668 livres). La pièce est présentée au roi et à la cour aux Tuileries le 16 janvier. Elle est à l'affiche du Palais-Royal jusqu'au relâche de Pâques (29 représentations) et sera plusieurs fois reprise.

18 juillet : dans le cadre du *Grand divertissement royal*

de *Versailles*, Molière et ses comédiens créent la comédie de *George Dandin*, qui s'insérait dans une pastorale
chantée et dansée dont Molière avait composé les vers.
À partir du 9 novembre, la pièce est jouée sur la scène
du Palais-Royal, sans les ornements de la pastorale qui
lui servait initialement de cadre (10 représentations).
9 septembre : première représentation de *L'Avare* au
Palais-Royal (1 069 livres).

1669   *5 février* : l'autorisation royale permet enfin de présenter *Le Tartuffe* au public. Accueil triomphal et succès
prolongé.
27 février : mort du père de Molière.
17 septembre-20 octobre : Molière et ses comédiens
sont à Chambord. Ils jouent, entre autres comédies,
Monsieur de Pourceaugnac, comédie-ballet nouvelle
représentée pour la première fois le 6 octobre. La pièce
est présentée au public parisien à partir du 15 novembre et sera jouée sans interruption jusqu'au
5 janvier (20 représentations).

1670   *30 janvier-18 février* : Molière et sa troupe sont à
Saint-Germain pour les fêtes du carnaval. À la demande du roi, Molière a conçu une comédie-ballet à
grand spectacle, *Les Amants magnifiques*, représentée
pour la première fois le 4 février.
14 octobre : à Chambord, où la cour prend le divertissement de la chasse, première représentation du *Bourgeois gentilhomme*. La pièce fut donnée au Palais-
Royal à partir du 23 novembre, avec les intermèdes
dansés et chantés et le ballet final : grand succès.
Jusqu'à la clôture de Pâques, la comédie est jouée sans
interruption, et elle sera plusieurs fois reprise par la
suite, en 1671 et 1672.

1671   *17 janvier* : dans la grande salle des machines des Tuileries, remise en état pour la circonstance, Molière et
ses comédiens interprètent devant le roi et la cour une

tragi-comédie à sujet mythologique, *Psyché*. Spectacle fastueux, proche de l'opéra. Molière, pressé par le temps, dut faire appel à Quinault pour les paroles destinées à être chantées et à Corneille pour la versification de la majeure partie de la pièce.

24 mai : première représentation au Palais-Royal des *Fourberies de Scapin*. La pièce eut un succès médiocre (18 représentations).

24 juillet : première de *Psyché* au Palais-Royal. D'importants travaux de rénovation ont précédé cette représentation. Trois mois durant, du 24 juillet au 25 octobre, la pièce est jouée sans interruption (38 représentations), et son succès est loin d'être épuisé puisque deux séries de représentations (13 du 15 janvier au 6 mars 1672, 31 du 11 novembre 1672 au 24 janvier 1673) continueront d'assurer des recettes soutenues : avec une recette moyenne de 940 livres sur un total de quatre-vingt-deux représentations publiques, *Psyché* fut la réalisation la plus brillante de la troupe du Palais-Royal, et de toutes les œuvres de Molière, celle que le public a le plus goûtée.

2 décembre : en l'honneur de la nouvelle épouse de Monsieur, Élisabeth-Charlotte de Bavière, princesse Palatine, un ballet rassemblant les plus beaux fragments des ballets dansés antérieurement à la cour, le *Ballet des ballets*, est donné à Saint-Germain. Le spectacle comprenait une comédie, *La Comtesse d'Escarbagnas*, à l'intérieur de laquelle se jouait une pastorale, dont le texte n'a pas été conservé. Molière reprit *La Comtesse d'Escarbagnas* sur la scène du Palais-Royal le 8 juillet 1672, en substituant à la pastorale intérieure, au prix de quelques aménagements, la petite comédie du *Mariage forcé* (elle-même remplacée, en octobre 1672, par *L'Amour médecin*).

1672   *17 février* : mort de Madeleine Béjart ; elle était âgée de cinquante-quatre ans.

11 mars : première représentation des *Femmes savantes* au Palais-Royal (1 735 livres). Si la moyenne des recettes des 11 représentations qui ont précédé la clôture de Pâques dépasse 1 100 livres, la reprise fait apparaître un net fléchissement, et la pièce est retirée de l'affiche après le 15 mai, au terme de 19 représentations.

29 mars : rupture avec Lulli, qui avait été le compositeur attitré des comédies-ballets de Molière, de *La Princesse d'Élide* à *La Comtesse d'Escarbagnas*. Molière et sa troupe font opposition au privilège accordant à Lulli l'exclusivité de la musique et du ballet.

1673 *10 février* : première représentation au Palais-Royal du *Malade imaginaire*, comédie-ballet en trois actes. Molière avait fait appel au musicien Charpentier et au maître de ballet Beauchamp. Le succès est éclatant.

17 février : au cours de la quatrième représentation du *Malade imaginaire*, le vendredi 17 février, Molière est pris de malaise sur la scène et a du mal à tenir son rôle jusqu'au bout. Transporté dans sa maison de la rue de Richelieu, il meurt vers les dix heures du soir, étouffé par « le sang qui sortait par sa bouche en abondance » (Grimarest). Il était âgé de cinquante et un ans. La veuve de Molière dut intervenir auprès du roi, puis de l'archevêque de Paris, pour obtenir que le comédien, qui n'avait pu recevoir les derniers sacrements, fût inhumé chrétiennement dans le cimetière de la paroisse Saint-Eustache.

NOTICE

La genèse du Misanthrope

Contrairement à beaucoup de divertissements conçus dans la hâte, *Le Misanthrope* est une œuvre longuement mûrie. Dès 1664, s'il faut en croire une note de Brossette dans l'édition de 1716 des *Œuvres de Boileau*, Molière aurait lu le premier acte de sa comédie chez l'abbé du Broussin, après avoir entendu l'élogieuse *Satire II* dans laquelle Boileau lui rendait un chaleureux hommage. Si l'information est exacte, la comédie était donc sur le chantier au moment où s'engageait la longue bataille du *Tartuffe*, dont l'archevêque de Paris, Hardouin de Péréfixe, avait obtenu l'interdiction, peu après que les trois premiers actes de la pièce eurent été représentés à Versailles, dans le cadre des fêtes des *Plaisirs de l'île enchantée*, le 12 mai 1664 : *Le Misanthrope*, non moins que *Dom Juan*, porte l'empreinte de ce combat.

On croira volontiers que l'activité débordante de Molière dans la période qui suivit retarda la composition d'une grande comédie à laquelle l'auteur, nous en avons la certitude, attachait le plus haut prix. *Le Tartuffe* achevé en cinq actes est représenté à la demande du Grand Condé au Raincy, chez la princesse Palatine, Anne de Gonzague (belle-mère du duc d'Enghien), le 29 novembre 1664. Le 15 février 1665, le public du Palais-Royal découvre *Dom Juan*. Le 24 avril, la troupe présente une comédie nouvelle de Marie-Catherine Desjardins (Mme de Villedieu), *Le Favori*, qui aura treize représentations à la ville et sera donnée à Versailles le 13 juin. À Versailles encore, le 14 septembre, est créé *L'Amour médecin*, « proposé, fait, appris et représenté en cinq jours », précise Molière dans l'avis au lecteur. La pièce sera reprise avec succès sur la scène du Palais-Royal à partir du 22 septembre. Un mois plus tard, le 23 octobre, a lieu la première représentation de *La Mère coquette* de Donneau de Visé (la veille, l'Hôtel de Bourgogne avait donné une comédie rivale de Quinault portant le même titre). Le 4 décembre, Molière crée la deuxième tragédie de Racine, *Alexandre*, que l'auteur confiera peu après aux comédiens de l'Hôtel de Bourgogne.

Trop de fatigues et de soucis accumulés eurent raison de la résistance du comédien. Du 29 décembre 1665 au 21 février 1666, le théâtre du Palais-Royal doit faire relâche. On sait Molière malade, et la nouvelle de sa mort a couru. Au cours des trois mois qui suivent cette interruption de cinquante-cinq jours, la troupe va vivre tant bien que mal sur son répertoire (*L'Amour médecin*, *L'École des femmes*, *Les Fâcheux*, *L'École des maris*, *L'Étourdi*, *Le Dépit amoureux*, *Le Cocu imaginaire*). Mais nul n'ignore que Molière s'apprête à donner une grande comédie, dont quelques auditeurs choisis ont eu le privilège d'entendre la lecture. Ces lectures préparatoires furent même assez nombreuses au dire de Grimarest, qui affirme que « Molière avait lu son *Misanthrope* à toute la cour, avant que de le faire représenter », recueillant les observations de ses auditeurs sans se sentir tenu de suivre leurs avis, pas même celui de la princesse Henriette d'Angleterre, qui aurait voulu que l'auteur supprimât « comme un trait indigne d'un si bon ouvrage » l'évocation du grand flandrin de Vicomte crachant dans un puits pour faire des ronds (acte V, scène dernière).

Molière, à n'en pas douter, a donné tous ses soins à la préparation du *Misanthrope*. On s'explique mal, dans ces conditions, que la création de la pièce ait été différée jusqu'à l'approche de l'été, alors que la belle société commençait à s'éloigner de Paris ; et l'on s'étonne plus encore que la première d'une comédie accordée aux curiosités du public aristocratique ait eu lieu, assez malencontreusement, deux jours après que la cour eut quitté Versailles pour Fontainebleau. Il est probable que la mauvaise santé de Molière, qui avait plusieurs fois contraint la troupe d'interrompre ses activités au cours de l'année 1666, a été la cause d'un retard qui a nui au succès des premières représentations du *Misanthrope*.

La création du Misanthrope

« La première représentation d'une pièce nouvelle », écrit Samuel Chappuzeau dans son *Théâtre français* (1674), « se donne toujours le vendredi pour préparer l'assemblée à se rendre plus grande le dimanche suivant par des éloges que lui donnent l'annonce et l'affiche. » Conformément à cet usage, *Le Misanthrope* fut représenté pour la première fois le vendredi 4 juin 1666 sur la scène du Palais-Royal. Le personnage d'Alceste était joué par Molière, qui remporta dans le rôle du Misanthrope amoureux et chagrin un succès qui lui avait été refusé, cinq ans plus tôt, dans le rôle du « prince jaloux », Dom Garcie de Navarre. Le gazetier Charles Robinet, dans sa lettre en vers du 12 juin, signale que les trois rôles féminins avaient été confiés aux « trois Grâces » de la troupe, Mlle Molière (Armande Béjart, la jeune épouse de Molière), Mlle Du Parc et Mlle de Brie. Sans doute Armande, « satirique spirituelle » dans *L'Impromptu de Versailles*, a-t-elle créé le rôle de Célimène, qu'elle continuait d'interpréter en 1685. Bien qu'il soit d'usage de lui attribuer le rôle d'Éliante, on peut supposer que Mlle de Brie, qui jouait Arsinoé en 1685, avait été chargée du rôle dès 1666, après avoir été la « sage coquette » de *L'Impromptu*, c'est-à-dire « une de ces femmes qui pensent être les plus vertueuses personnes du monde pourvu qu'elles sauvent les apparences, [...] qui croient que le péché n'est que dans le scandale, qui veulent conduire doucement les affaires qu'elles ont sur le pied d'attachement honnête, et appellent amis ce que les autres nomment galants » (scène 2). Ce qui conduit à penser que si le personnage d'Éliante, lors de la création du *Misanthrope*, a bien été interprété par Mlle Du Parc, celle-ci dut accueillir avec satisfaction un rôle plus conforme à son humeur que celui de façonnière, contre lequel elle protestait dans *L'Impromptu*. Quant aux rôles masculins, s'il est à peu près sûr que Louis Béjart, beau-frère de Molière, s'est vu confier le rôle comique de Du Bois, le valet d'Alceste, il est seulement vraisemblable que Du Croisy, le « poète » de *L'Impromptu*, a incarné Oronte, que La Thorillière, « marquis fâcheux » dans *L'Impromptu*, a interprété le personnage de Philinte et que La Grange et Hubert ont joué les marquis, Acaste et Clitandre : La Grange, dans *L'Impromptu de Versailles* toujours, tenait cet emploi, et Hubert, entré dans la troupe à Pâques 1664 en remplacement de Brécourt, avait un talent assez souple pour assurer ce rôle.

Sur l'accueil fait à la pièce, les témoignages anciens divergent. Plus qu'aux affirmations tardives et suspectes de Saint-Simon, de Louis Racine et de Grimarest, il convient de prêter attention aux données objectives fournies par le comédien La Grange dans le précieux *Registre* où sont fidèlement notés les activités de la troupe et le produit des représentations. Avec une recette de 1 447 livres le vendredi 4 juin et de 1 617 livres le dimanche 6, les deux premières représentations du *Misanthrope* connurent un succès honorable. Mais les recettes tombèrent au-dessous de 1 000 livres dès la troisième représentation, et la chute s'accentua à partir de la dixième : entre le 27 juin et le 1er août, douze représentations firent une recette moyenne d'à peine 360 livres.

La création du *Médecin malgré lui*, qui se substitua au *Misanthrope* à partir du 6 août, ne rétablit pas la situation : cinq représentations séparées voient chuter la recette de 423 à 139 livres. L'association des *Fâcheux* et du *Médecin malgré lui* permet de terminer le mois d'août dans de meilleures conditions : du 20 au 31 août, six représentations consécutives font une recette moyenne de 610 livres.

Contrairement à l'affirmation de Grimarest, c'est seulement à partir du début de septembre que Molière présenta *Le Misanthrope* en association avec le *Médecin*. Cinq représentations successives au cours de la première quinzaine de septembre porteront la moyenne des recettes à un meilleur niveau (791 livres) : réussite honnête, sans plus. Mais quand, le 14 septembre, *Le Misanthrope* paraît seul à l'affiche, la maigreur de la recette (325 livres 10 sols) montre que la pièce n'attire décidément pas la foule. Plusieurs représentations (trois à la mi-octobre, trois autres du 31 octobre au 3 novembre, deux les 19 et 21 novembre) confirmeront ce médiocre résultat, avec une recette moyenne inférieure à 400 livres. Au total, la carrière scénique du *Misanthrope* en sa nouveauté n'eut rien d'éclatant. Entre le 4 juin et le 1er août 1666, la comédie resta à l'affiche pendant vingt et une représentations consécutives, dont les deux premières suffirent à épuiser l'intérêt de curiosité. Cinq représentations en association avec *Le Médecin malgré lui* au début de septembre, suivies de neuf représentations séparées, ne permirent pas, quoi qu'en ait dit Grimarest, de réveiller le succès. Sans que l'on puisse parler d'échec, il est clair que l'accueil du public ne fut pas à la hauteur des espérances que Molière avait placées dans cette grande comédie.

Sans doute la pièce eût-elle connu un meilleur sort si elle avait pu être présentée dans sa nouveauté au roi et à la cour. Mais la mort de la reine mère Anne d'Autriche, le 20 janvier 1666, avait suspendu pour une longue période de deuil les divertissements royaux, si bien que *Le Misanthrope*, conçu pour enlever les suffrages de la société polie, dut essuyer à la ville la froideur d'un parterre mal préparé à goûter l'agrément et la profondeur d'un comique renouvelé, qui rompait avec les ressorts traditionnels du rire. Ce rendez-vous manqué avec la cour a pesé sur la carrière de la pièce. Si la comédie a été jouée en visite chez Madame, le 25 novembre 1666, jamais, du vivant de Molière, elle ne fut représentée devant le roi. Il est probable que le médiocre succès de la pièce sur la scène parisienne a dissuadé Molière d'affronter le jugement de la cour quand, à la fin de 1666, il fut appelé à participer aux grandes fêtes de Saint-Germain. Ce n'est qu'après la mort de l'auteur que *Le Misanthrope* fut joué devant le roi : dix-neuf représentations furent données à la cour entre 1673 et 1715.

Publiée dans les derniers jours de 1666, la comédie resta au répertoire de la troupe et revint plusieurs fois à l'affiche du Palais-Royal : quatre représentations successives en septembre 1667, après l'interdiction de *L'Imposteur*, version remaniée du *Tartuffe* ; deux reprises isolées en 1668 ; six en 1669, sept en 1670, quatre en 1671, cinq en 1672. Ajoutées aux trente-cinq représentations de 1666, ces vingt-huit reprises témoignent de l'attachement de l'auteur à une pièce qui, à défaut de trouver la faveur du grand public, connut d'emblée un incontestable succès d'estime et s'imposa, au regard des connaisseurs, comme l'une des plus hautes réalisations de l'art comique.

Le Misanthrope *face à la critique de son temps*

C'est dans sa *Lettre en vers à Madame* du samedi 12 juin 1666 que le gazetier Charles Robinet apporta le premier écho public de la nouvelle comédie de Molière, dont il avait vu la deuxième représentation, le dimanche précédent (6 juin). De ce premier témoignage critique sur *Le Misanthrope*, on retiendra que la représentation de la pièce était attendue avec curiosité, peut-être même avec impatience (« *Le Misanthrope* enfin se joue »). Il est à noter aussi que cette nouvelle comédie fut reconnue d'emblée comme une œuvre de premier rang, à la fois par la qualité d'un langage mariant l'élégance à la vigueur et au naturel, et par la portée morale de la critique des mœurs contemporaines. Mais il semble bien que Robinet, comme beaucoup de spectateurs du temps, ait été déconcerté par la nouveauté d'un comique qui, en s'alliant au sérieux, estompait les contours du ridicule. Révélatrice à cet égard est l'insistance avec laquelle le chroniqueur souligne la sagesse et le « noble emportement » d'un Misanthrope inattendu, plus proche, par son exigence morale élevée, du prédicateur ennemi des vices que des excès condamnables d'un Timon d'Athènes, ennemi des hommes. À défaut d'éclairer l'ambiguïté d'un personnage dont les faiblesses comiques ne semblent pas nettement perçues, cet éloge d'Alceste traduit assurément le jugement d'un spectateur surpris.

Apportant à son jugement le sel du paradoxe enjoué, le rival de Charles Robinet, Subligny, dans sa gazette rimée du jeudi 17 juin 1666, invitait pour sa part à reconnaître dans *Le Misanthrope* un « chef-d'œuvre inimitable », tant par la force et l'agrément des vers que par l'efficacité de la peinture critique des ridicules du temps.

La publication de la pièce dans les derniers jours de 1666 (l'achevé d'imprimer est daté du 24 décembre) fut l'occasion pour un homme de lettres ambitieux, Jean Donneau de Visé[1], de livrer une analyse détaillée de l'ouvrage dans une longue lettre liminaire. Il n'est pas impossible que Molière, pour empêcher qu'une relation subreptice de sa comédie ne vît le jour, ait été contraint d'accepter cette préface en forme d'apologie dont sa pièce, à vrai dire, n'avait nul besoin. Mais on aurait tort de sous-estimer l'intérêt d'un commentaire qui apporte sur

---

1. Jean Donneau de Visé (1638-1710) a marqué l'histoire du journalisme en fondant, en 1672, un périodique mondain à succès, *Le Mercure galant*, qu'il dirigea jusqu'à sa mort. Il s'était signalé, lors de la querelle de *L'École des femmes*, par deux pièces hostiles à Molière, *Zélinde* (imprimée en février 1663) et *Réponse à l'Impromptu de Versailles ou la Vengeance des marquis* (imprimée en décembre 1663 dans le recueil des *Diversités galantes* avec une *Lettre sur les affaires du théâtre* où la supériorité du « divin Corneille » sur le « comique Élomire » [anagramme de Molière] est lourdement affirmée). Mais Donneau de Visé, qui songeait surtout à se faire un nom dans le monde des lettres, sut se réconcilier avec Molière quand, en 1665, il lui fallut trouver une scène pour faire représenter sa *Mère coquette*. Cette collaboration avec la troupe du Palais-Royal se poursuivra en 1667. En se rangeant résolument du côté des partisans de Molière, l'auteur de la *Lettre sur la comédie du « Misanthrope »*, en 1666, exprimait une admiration dont on peut penser qu'elle n'était pas totalement désintéressée.

les premières représentations du *Misanthrope*, le jeu des comédiens et les réactions du public le témoignage d'un spectateur
attentif et clairvoyant, bon connaisseur des choses du théâtre,
et suffisamment instruit du « dessein » de Molière pour rendre
compte avec justesse des orientations directrices du spectacle.

Sans cesser de prêter attention à la vérité des caractères,
l'auteur de la *Lettre sur la comédie du « Misanthrope »* rappelle que la peinture critique de la société polie et de ses travers est l'objectif premier d'une pièce qui rompt ouvertement
avec les artifices de la comédie d'intrigue, subordonne le choix
des personnages à la satire des « mœurs du siècle » et livre au
regard et à la réflexion du public une image naturelle et fine-
ment tracée de la comédie humaine telle qu'elle se joue, au
quotidien, sur la scène du monde. Tout au long de son analyse,
Donneau de Visé met l'accent sur ce caractère de vérité du
spectacle comique, d'où naît le plaisir du spectateur. Le princi-
pal mérite de la lettre-préface de Donneau de Visé aujourd'hui
est peut-être de rappeler que la notion de *mœurs*, au XVIIᵉ
siècle, englobe les pratiques sociales et les déterminations psy-
chologiques, si bien que la « comédie de caractère » ne saurait
constituer une catégorie distincte de la « comédie de mœurs » :
tout au plus marque-t-elle un approfondissement de la peinture
morale qui donne à l'expression comique du réel sa forme accomplie.

Le Misanthrope, dans cette perspective, ne saurait se réduire
à un rôle dominant, celui d'Alceste, ni surtout au drame psy-
chologique d'une grande âme aux prises avec un monde frivole et mensonger et un amour décevant. Comme le souligne
avec raison Donneau de Visé, tous les protagonistes de la
pièce, Célimène la coquette comme Alceste le grondeur, Arsinoé la fausse prude comme Oronte le poète mondain et les
marquis prétentieux, Acaste et Clitandre, Philinte le sage et la
sincère Éliante, tous composent un « portrait du siècle » (en-
tendons : une représentation fidèle du grand monde), qui invite
à s'interroger sur les faiblesses humaines et les travers, les
ridicules et les vices de la société polie. Parmi ces personna-

ges, la *Lettre sur la comédie du « Misanthrope »* reconnaît en
Philinte « un homme sage et prudent », dont la mesure fait ressortir par contraste les emportements déraisonnables de son
ami. Mais le commentateur a bien perçu la singularité d'Alceste, héros plaisant sans être trop ridicule, qui, « malgré sa
folie [...], a le caractère d'un honnête homme » et dit des choses fort justes, sans laisser de faire sourire par ses excès. Célimène fait l'objet d'un jugement également nuancé. La condamnation de la coquette médisante s'entoure d'indulgence, et
Donneau de Visé, non content d'admettre que la jeunesse, en
matière de coquetterie, est une circonstance bien atténuante,
n'hésite pas à reconnaître dans le refus de la jeune veuve de
suivre Alceste dans un « désert » une décision de bon sens,
justifiée par l'incompatibilité de leurs humeurs. C'est la preuve
que l'auteur de la *Lettre sur la comédie du « Misanthrope »* a
été sensible à la complexité — et sans doute aussi à la séduction — d'un personnage qui, non moins qu'Alceste, défend
une vérité personnelle qui mérite attention.

   Contrairement aux polémiques qui entourèrent la création de
L'École des femmes ou du *Tartuffe*, il n'y eut pas de querelle
du *Misanthrope*. Le relatif insuccès de la pièce dut satisfaire
les ennemis de Molière, qui ne se risquèrent pas à combattre
l'approbation des connaisseurs. Lancé par Subligny dès 1666,
le mot « chef-d'œuvre » restera attaché à cette haute comédie,
où l'on reconnut d'emblée l'expression d'un art accompli.
Aussi Boileau traduisait-il un peu plus qu'un jugement personnel quand, dans son *Art poétique* (1674), il opposait au comique farcesque des *Fourberies* le haut comique du *Misanthrope*.
Pour toute une génération attachée à célébrer dans le dramaturge disparu le « Térence français », une pièce aussi éloignée
du comique trivial et des effets forcés que *Le Misanthrope*
constituait une référence exemplaire, illustration accomplie
d'un art et d'un goût que la tradition académique et scolaire
érigera bientôt en dogmes. Molière, pour longtemps, devait
rester « l'auteur du *Misanthrope* ».

La destinée du Misanthrope

Entre l'estime des connaisseurs et la tiédeur du grand public, la distance n'a cessé de se confirmer. Comme le constate Voltaire dans ses jugements sur les ouvrages de Molière publiés en 1739, *Le Misanthrope*, solidement installé au répertoire, est une pièce « plus admirée que suivie », au point que le fameux acteur Baron lui-même, quand il remonta sur le théâtre après trente années d'absence pour jouer le rôle d'Alceste, en 1720, ne réussit pas à réveiller l'intérêt du public. Aussi Voltaire en vient-il à s'interroger sur la théâtralité d'un ouvrage dont il admire les beautés, mais qui lui paraît « plus propre encore à être lu qu'à être joué ». Ce soupçon planera longtemps sur une pièce que son statut de « chef-d'œuvre de l'esprit » semblait éloigner des suffrages de la foule ; et il faut savoir gré aux metteurs en scène contemporains d'avoir libéré l'interprétation du *Misanthrope* de bien des traditions scéniques sclérosées pour révéler la puissance théâtrale d'une œuvre dont les tensions, les ambiguïtés et la profondeur appellent le jeu et stimulent l'invention dramatique (voir ci-après *Le Misanthrope à la scène*, p. 205 et suiv.).

Plus nettement circonscrit dans le temps, le procès moral du *Misanthrope* appartient aujourd'hui au passé. On en trouve les prémices en 1714 dans la *Lettre à l'Académie* de Fénelon, dont les réflexions sur le genre comique apportent sur le théâtre de Molière un jugement plus précis et plus nuancé que celui que Bossuet avait exposé en 1694 dans ses *Maximes et réflexions sur la comédie*. Les réserves de Fénelon ne portent pas seulement sur l'embarras du style, l'outrance des caractères ou le recours au « badinage de la comédie italienne », autrement dit au comique futile de la farce. « Un autre défaut de Molière, que beaucoup de gens d'esprit lui pardonnent, et que je n'ai garde de lui pardonner », écrit Fénelon, « est qu'il a donné un tour gracieux au vice, avec une austérité ridicule et odieuse à la vertu ». Ce reproche, s'il ne s'applique pas exclusivement au. *Misanthrope*, semble bien viser en priorité le personnage d'Alceste, dont la « vertu chagrine », au regard de Fénelon, sert injustement de cible à la raillerie.

Rousseau amplifiera la critique dans sa *Lettre à d'Alembert sur les spectacles* (1758), rouvrant avec éclat le vieux procès de la moralité du théâtre, accusé de flatter les passions et de corrompre les cœurs. Au centre de ce procès, Molière, dont les comédies, trop soumises à l'idéal mondain de politesse qui avait dominé l'âge classique, distillent les maximes impures de « l'homme de société » et font de la scène « une école de vices et de mauvaises mœurs ». Au premier rang des pièces incriminées, *Le Misanthrope*, la plus admirée des comédies de Molière et, pour Rousseau, l'emblème d'un théâtre qui a sacrifié la morale au comique, au point de jouer « le ridicule de la vertu ».

On voit bien que Rousseau se sent trop proche d'Alceste, de l'Alceste qu'il voudrait être, pour se former du Misanthrope une autre image que celle d'« un homme de bien qui déteste les mœurs de son siècle et la méchanceté de ses contemporains ». En donnant un visage comique à cet être vertueux, que sa sincérité et sa vertu rendent profondément estimable, Molière a offensé à la justice qui est due à « une âme grande et noble » ; il a, dans le même temps, honoré la vile complaisance de « l'ami de tout le monde », Philinte, dont les maximes accommodantes, au regard de Rousseau, « ressemblent beaucoup à celles d'un fripon ». Ce renversement de la perspective morale est le propre d'une époque qui, de Fénelon à Rousseau et à ses disciples, a donné à la notion d'honnêteté un contenu nouveau. Dès lors que la civilité a cessé d'être perçue comme une exigence sociale et morale supérieure s'ouvre le procès de Philinte et, à travers lui, l'examen critique d'une éthique de la politesse où l'on ne veut plus voir qu'une défaite de la vertu.

À l'Alceste homme de bien de Rousseau et de Fabre d'Églantine (*Le Philinte de Molière ou la Suite du « Misanthrope »*, 1790), le XIXᵉ siècle s'est plu à substituer un

Alceste homme de cœur, sombre et déchiré, champion de l'idéal dans l'univers dégradé de l'intrigue, de l'injustice et du mensonge. Autour de ce héros pathétique, dont Jules Lemaître disait plaisamment qu'on lui avait mis d'« horribles rubans noirs », naîtra un autre débat touchant au registre de la pièce et à la nature du rôle-titre. Drame ou comédie ? La question posée avec vigueur par Constant Coquelin, en 1881, peut paraître abusivement simplificatrice : elle a eu le mérite d'ébranler une tradition scénique si solidement établie qu'elle semblait devoir échapper à la discussion.

Autant que l'interprétation du personnage d'Alceste, la compréhension du rôle de Célimène a donné lieu, de nos jours, à d'intéressantes variations. L'analyse présentée par Jacques Guicharnaud en 1963 invitait à reconnaître une sincérité du personnage que masquait la tradition de la « grande coquette ». Cette authenticité de Célimène, qui tend à s'imposer aux interprétations contemporaines du rôle, a eu pour effet de donner à la comédie un nouvel équilibre et une tension accrue, en opposant à la passion destructrice d'Alceste la vérité d'un être jeune, épris d'autonomie, pour qui l'amour n'implique pas renoncement à soi et aux plaisirs du monde. « Elle est l'égale d'Alceste », écrit Jacques Weber, qui voit en Célimène « un des plus grands personnages de Molière ».

La critique socio-historique a ouvert d'autres perspectives : hasardeuses parfois quand elle propose de reconnaître en Célimène une figure du demi-monde, « bourgeoise en mal d'intégration » (Pierre Barbéris) ; plus convaincantes quand elle situe Alceste dans le camp d'une noblesse récalcitrante, qui se tient à distance de l'ordre monarchique nouveau et s'obstine à opposer les valeurs individuelles de l'éthique héroïque aux convenances d'une société soumise au code mondain de l'honnêteté (Édouard Lop et André Sauvage, Pierre Barbéris, Jürgen Grimm). Par là s'éclairent les arrière-plans politiques d'une comédie qui, par le biais de la peinture morale, interroge en profondeur la réalité d'une époque et ses normes.

Reste *Le Misanthrope*, débordant tous les commentaires

dans lesquels on prétend l'enclore : « Le sommet dont aucune
ascension, fût-elle la plus parfaite, la plus élégante et la plus
lumineuse, ne saurait épuiser le mystère toujours vierge »
(Jacques Weber).

NOTE SUR LES PERSONNAGES
DE LA PIÈCE

Alceste. Le nom que Molière a donné au personnage central de sa comédie n'a guère à voir, c'est l'évidence, avec l'émouvante héroïne de la tragédie d'Euripide, dont le sujet sera repris au XVIIᵉ siècle par Alexandre Hardy (1606) et par Quinault (1674). Appliqué au Misanthrope, le nom d'Alceste retrouve sa valeur étymologique d'homme fort et met l'accent sur la vigueur d'un caractère qui a choisi de combattre le mensonge, au risque de heurter les exigences de la civilité. Il n'est pas impossible que Molière ait emprunté ce nom à un roman de Molière d'Essertines, *Polyxène* (1623), où le prince Alceste fait figure de héros emporté et jaloux. Mais, à l'exemple de Segrais, les spectateurs contemporains ont surtout relevé des ressemblances entre la rude franchise d'Alceste et la sévérité d'une figure en vue à la cour, le duc de Montausier (1610-1690), dont Louis XIV honorera la vertu en le nommant gouverneur du Grand Dauphin en 1668. Celui que l'abbé de Choisy, dans ses *Mémoires*, appellera le « misanthrope Montausier » figurait dans le tome VII du *Grand Cyrus* de Mlle de Scudéry sous le nom de Mégabate : s'il n'est pas tout à fait étranger à la création du personnage d'Alceste, il n'en constitue pas la clef.

Philinte. Dans la scène 4 de l'acte III des *Fâcheux* intervenait un marquis importun nommé Filinte. L'étymologie suggère la pente à l'amitié et souligne l'opposition entre la misanthropie d'Alceste et l'affabilité de « l'ami du genre humain » (v. 64). Corneille, dans *La Veuve*, avait suggéré un contraste analogue entre ses deux héros, Alcidon et Philiste. Mais l'hypothèse selon laquelle le nom du Misanthrope dériverait du roman de Molière d'Essertines, *Polyxène* (voir page précédente), semble confirmée par le fait que *La Vraie Suite des aventures de Polyxène* composée par Charles Sorel (1634) présente un personnage du nom de Philinte.

Célimène. Le nom de Célimène formait le titre d'une comédie de Rotrou créée en 1633. Il fait aussi écho, dans l'œuvre de Molière, à d'autres noms féminins : entre Célie (*L'Étourdi, Sganarelle*), Climène (*Les Fâcheux, La Critique de l'École des femmes, Le Sicilien*) et Dorimène (*Le Mariage forcé, Le Bourgeois gentilhomme*), Célimène associe la séduction de la jeunesse, de la beauté et de l'esprit, l'élégance et la vivacité de la femme du monde et le piquant de la coquetterie. Cette synthèse heureuse révèle la richesse et la complexité d'une création singulière qu'on ne saurait réduire à un type. L'édition de 1734 a gommé la précision « amante d'Alceste » figurant dans la liste des acteurs, tendant ainsi à accentuer l'ambiguïté sentimentale du personnage de Célimène.

Arsinoé. Il est probable que Molière s'est souvenu du personnage d'Arsinoé, épouse ambitieuse et rusée du roi Prusias dans *Nicomède* (1651) de Corneille. C'est cette tragédie que Molière avait choisi de présenter devant le roi et la cour le 24 octobre 1658, lors de son retour à Paris.

Basque. Il était d'usage, au XVIIe siècle, d'attribuer aux domestiques un sobriquet (c'est le cas de Galopin, dans *La Critique de l'École des femmes*) ou de les appeler par le nom de leur province d'origine. Les Basques, qui avaient la réputation d'être d'excellents marcheurs, robustes et rapides, étaient appréciés dans ce type d'emploi (cf. l'expression commune : « courir comme un Basque »).

Maréchaussée de France. Tribunal formé de maréchaux et

chargé d'examiner les différends entre les nobles, en un temps où les duels sont strictement interdits. « Ce sont les Maréchaux de France qui sont juges du point d'honneur entre les gentils-hommes, qui accordent leurs querelles » (F.).

LE MISANTHROPE À LA SCÈNE

I. LE MISANTHROPE DE MOLIÈRE

Créée sur la scène du Palais-Royal le 4 juin 1666, la pièce fut élogieusement saluée par les chroniqueurs du temps. Les indications consignées par le décorateur Michel Laurent suggèrent une mise en scène dépouillée : « Théâtre est une chambre. Il faut six chaises, trois lettres, des bottes. » Louis Jouvet se souviendra de cette sobriété exemplaire quand, dans ses *Réflexions du comédien*, il se plaira à souligner que le théâtre classique appelle un décor simple et des accessoires peu nombreux : « [...] dans une chambre, avec six chaises, trois lettres et des bottes, on joue *Le Misanthrope*. » Du reste, jusqu'à la Première Guerre mondiale, la comédie fut jouée par les Comédiens-français dans un « décor répertoire », autrement dit un décor faiblement caractérisé pouvant servir à plusieurs spectacles, aussi bien *Le Misanthrope* que *Le Bourgeois gentilhomme*, *Le Mariage de Figaro* ou *Ruy Blas*.

Lors de la création de la pièce, Molière interprétait le rôle d'Alceste. Son costume, d'après l'inventaire après décès des biens du comédien, consistait en « haut-de-chausses et justaucorps de brocart rayé or et soie gris, doublé de tabis, garni de ruban vert ; la veste de brocart d'or ; les bas de soie et jarretières ». Costume de l'homme de qualité, d'une élégance de bon ton ; seuls les rubans verts apportent à cet habit une note personnelle qui permet à Célimène, dans son billet à Clitandre, de désigner Alceste sans avoir à le nommer. Mais le ton de raillerie légère du billet ne suffit pas à faire de cette particularité vestimentaire une marque de ridicule, et rien n'autorise à rattacher le vert des rubans d'Alceste à la couleur symbolique de la bouffonnerie et de la folie. L'association de l'or et du vert dans l'habit du Misanthrope, s'il fallait lui prêter valeur de symbole, suggérerait plutôt le rappel obstiné, dans un monde livré aux séductions des apparences brillantes, d'un désir de simplicité, de pureté et de naturel : la prédilection de Molière pour la couleur verte n'est peut-être que la traduction de ce rêve d'authenticité qu'il partage avec Alceste, à défaut de pouvoir le communiquer à Armande-Célimène.

Mieux que les rubans verts, sur lesquels on a sans doute trop glosé, deux témoignages anciens nous aident à comprendre de quelle manière Molière donnait à Alceste un visage à la fois attachant et comique. On sait par Brossette que Boileau se plaisait à imiter la diction de Molière quand, à la fin du deuxième acte, Alceste répondait au rire moqueur des marquis par ces mots : « Par la sangbleu ! Messieurs, je ne croyais pas être / Si plaisant que je suis », en accompagnant sa réplique d'un « ris amer », mais « si piquant » qu'il ne manquait pas de réjouir. Du jeu de l'acteur Molière, Boileau déduisait « que le théâtre demandait de ces grands traits outrés, aussi bien dans la voix, dans la déclamation, que dans le geste ». Cette vigueur de l'interprétation est indirectement confirmée par Donneau de Visé qui, dans sa *Lettre sur la comédie du « Misanthrope »*, a souligné la puissance scénique d'un rôle dont les mouvements violents sont d'un grand effet théâtral. Non seulement le caractère du Misanthrope soutient efficacement la satire des « mœurs du siècle », mais « ce choix est encore admirable pour le théâtre ; et les chagrins, les dépits, les bizarreries et les emportements d'un misanthrope étant des choses qui font un grand jeu, ce caractère est un des plus brillants qu'on puisse produire sur la scène ».

Molière, qui, en 1661, avait dû renoncer à jouer le personnage trop sérieux du Prince jaloux, Dom Garcie, a conçu avec Alceste un rôle à la mesure de son talent d'acteur comique. On se gardera d'en conclure que le jeu expressif et animé du comédien ait sacrifié aux exigences du rire les nuances d'un caractère complexe. En remarquant que le héros de la comédie « en est le plaisant sans être trop ridicule » et qu'il fait « rire les honnêtes gens sans dire des plaisanteries fades et basses, comme l'on a accoutumé de voir dans les pièces comiques », Donneau de Visé s'est attaché à définir la tonalité singulière d'une comédie qui s'est dégagée des procédés de la farce : elle fait « continuellement rire dans l'âme ».

Ce comique affiné, qui invite au sourire plus qu'au rire, se fonde sur une peinture vivante de la comédie mondaine, dont l'auteur de la *Lettre sur la comédie du « Misanthrope »* a souligné le naturel et la vérité : le comble de l'art est de « représenter avec des traits délicats ce qui se passe tous les jours dans le monde ».

La recherche du naturel a aussi pour effet de donner aux acteurs de la comédie un visage nuancé. Donneau de Visé, une fois encore, a bien perçu la complexité qui fait la singularité et l'ambiguïté d'Alceste : « Le Misanthrope, malgré sa folie, si l'on peut ainsi appeler son humeur, a le caractère d'un honnête homme [...] ; et ce qui est admirable est que, bien qu'il paraisse en quelque façon ridicule, il dit des choses fort justes. »

Quant à Célimène, elle se définit avant tout au regard du spectateur du temps comme une coquette médisante ; mais on ne laisse pas d'entrevoir sous ses défauts mondains la vérité intime d'un être jeune et séduisant, qui répugne à bon droit à s'enterrer dans le « désert » d'Alceste. Sa légèreté ne mérite pas si rude pénitence, et l'indulgence de Donneau de Visé pour une conduite « qui ne part que d'un esprit encore jeune » dit assez que Célimène, en 1666, n'était pas encore une coquette achevée et perfide, dont les manèges cruels transformeront Alceste en victime pathétique.

II. *LE MISANTHROPE* AUX PÉRILS DE LA TRADITION

Dans cet art de l'éphémère qu'est le théâtre, « le souvenir d'un acteur ne dure que s'il est accroché aux marges d'un noble texte », écrivait naguère Dussane (*La Célimène de Thermidor*, 1929, p. 223). Du XVIIIᵉ au XIXᵉ siècle, les rôles d'Alceste et de Célimène ont permis à quelques grands interprètes de marquer durablement l'histoire scénique du *Misanthrope*.

Deux acteurs de talent, au XVIIIᵉ siècle, ont donné à Alceste un visage original. Baron avait joué le personnage du Misanthrope peu après la mort de Molière, en 1673, à l'âge de vingt ans. Quand il reprit le rôle en 1720, âgé de soixante-sept ans, il lui imprima un caractère de noblesse et de dignité qui tendait à atténuer la bizarrerie plaisante du personnage pour mieux mettre en valeur les belles qualités de l'homme du monde et la sincérité de l'homme de cœur.

À cette noblesse de bon ton, François-René Molé, de 1778 à 1803, substitua une interprétation passionnée, au point de briser un siège quand, au cinquième vers, Alceste appuyait d'un geste rageur son abandon à la colère. À la même époque, Louise Contat marquait le rôle de Célimène de son charme impérieux et hautain, donnant au personnage la puissance souveraine de la « grande coquette » artificieuse, dominatrice et quelque peu cruelle, dont la tradition s'imposera à la scène française du XIXᵉ siècle à nos jours.

Formée par Louise Contat, à qui elle emprunta notamment le fameux mouvement d'éventail dont elle accompagnait, en guise de défi, sa sortie de scène au cinquième acte, Mlle Mars, à partir de 1812, apporta au grand jeu de la coquetterie une grâce raffinée et une élégance supérieure que l'on regrettera longtemps de ne plus retrouver à la scène. Dans le même temps, les interprètes d'Alceste s'attachaient à faire du Misanthrope une figure sombre, douloureuse, pathétique, en accord avec la sensibilité d'une époque qui, à l'exemple de Musset dans *Une soirée perdue*, inclinait à découvrir dans le théâtre de Molière des abîmes de tristesse. Dans le dernier quart du XIXᵉ siècle, c'est l'acteur Gustave Worms qui, sur la scène du Théâtre-Français, donna l'illustration la plus caractéristique d'un Alceste vibrant d'une émotion concentrée, image douloureuse d'un être blessé par la vie et déchiré par l'amour insatisfait, et cette mise en valeur des sentiments d'un personnage voué à la souffrance eut pour conséquence de figer le rôle de Célimène dans l'emploi de la coquette habile, plus ou moins perfide ou frivole.

L'heure était moins au renouvellement qu'au triomphe de la tradition quand, le 18 janvier 1903, Cécile Sorel s'empara du rôle de Célimène pour composer une coquette de grand style ; elle régnera à la Comédie-Française pendant une trentaine d'années, dominant avec autorité les Alcestes douloureux dont Jules Leitner, élève de Worms, et Raphaël Duflos perpétuent la tradition.

En dépit des protestations de l'acteur Constant Coquelin qui, en 1881, dans une brochure sur *Molière et Le Misanthrope*, s'attachait à rendre à la pièce sa valeur comique, l'Alceste émouvant forgé par le XIXᵉ siècle avait fait école. Il trouva en Lucien Guitry son incarnation la plus imposante sur la scène du Théâtre Édouard VII, en janvier 1922 : avec ce personnage empli de gravité, de hauteur et de majestueuse souffrance, *Le Misanthrope*, plus que jamais, prenait les couleurs du drame.

III. *LE MISANTHROPE* AU HASARD DE LA MISE EN SCÈNE

Entre drame et comédie

À la performance d'acteur de Lucien Guitry, dont la personnalité écrasait une pièce aux couleurs sombres, Jacques Copeau opposa, à l'occasion du trois centième anniversaire de la naissance de Molière, un spectacle d'un autre style, dont la première vertu était de rendre à la comédie équilibre et mouvement. Montée initialement à New York en mars 1919, la pièce fut présentée au Vieux-Colombier le 23 janvier 1922 avec un dispositif scénique renouvelé et fut reprise au cours des deux saisons suivantes. Dans un article élogieux publié dans la revue *Le Théâtre et Comœdia illustré* (mars 1922), Gabriel Boissy a traduit l'impression de nouveauté que donna cette représentation où tous les personnages « se trouvaient engagés dans une action, qui a son exposition, ses péripéties, son dénouement ». Ce fut l'occasion de redécouvrir que *Le Misanthrope* était une comédie animée, capable de divertir et d'attacher.

En définissant la pièce par une formule paradoxale, « cette tragédie qui fait rire », Copeau révélait le souci de ne rien retrancher des différentes tonalités que Molière s'est attaché à conjuguer. Aussi rendait-il sensible, dans son interprétation d'Alceste, l'ambiguïté d'un personnage qui fait rire par ses excès et qui, s'il a raison « dans son esprit », a tort « dans l'expression violente et passionnée de son opinion » (G. Boissy). Louis Jouvet dans le rôle de Philinte, Valentine Tessier dans celui de Célimène, Blanche Albane composant une Arsinoé « plus odieuse et plus vraie d'être encore jeune et jolie », tous les interprètes contribuèrent au succès d'un *Misanthrope* rajeuni et vivant, dont le décor, réduit à une tenture, des tapis, des flambeaux d'or et quelques fauteuils, suffisait à évoquer « un cadre de grand style, à l'échelle de la prosodie ».

Quand Édouard Bourdet fut nommé administrateur de la Comédie-Française en 1936, Jacques Copeau, Gaston Baty, Charles Dullin et Louis Jouvet furent chargés de la mise en scène. Copeau monta un nouveau *Misanthrope*, représenté pour la première fois le 7 décembre 1936 ; Aimé Clariond (Alceste), Jean Debucourt (Philinte), Pierre Bertin (Oronte), Mary Morgan (Éliante), Marie Bell (Célimène) étaient les interprètes d'un spectacle dont la facture classique fut appréciée.

Le public de la Comédie-Française fit aussi le meilleur accueil, en octobre 1947, à l'interprétation de Pierre Dux, qui traduisait avec une sobriété efficace la complexité d'un personnage capable de faire sourire par ses emportements, mais entraînant la sympathie du spectateur par sa sincérité et l'émouvante authenticité de ses sentiments : pour le comédien comme pour le metteur en scène, ce *Misanthrope* fut un grand succès personnel. Face à Pierre Dux, Annie Ducaux entretenait avec talent la tradition d'une coquetterie savante et dominatrice, dont la hauteur souveraine donnait au rôle une élégance de grand style et un caractère un peu trop étudié, alors que Jacques Charron faisait éclater le ridicule d'Oronte.

Avec le tournant du demi-siècle tend à se dessiner un rééquilibrage des rôles qui ouvre à l'interprétation des perspectives renouvelées. Non moins savante dans l'art de la séduction que ses devancières, mais d'apparence plus fragile, et partant plus secrète, la Célimène incarnée par Madeleine Renaud au Théâtre Marigny en 1954 révélait, sous le jeu subtil de la coquetterie, une forme d'intériorité ordinairement dévolue à Alceste, auquel Jean-Louis Barrault prêtait avec franchise les élans d'un être jeune, sincère et passionné, naturellement exposé aux déceptions et aux souffrances.

Sur la scène de la Comédie-Française, l'Alceste fougueux de Jacques Dumesnil, en 1958, s'imposa par la vivacité de son jeu : « Toujours rougi d'une colère qui monte et éclate vite », écrivait Robert Kemp dans *Le Monde* (28 mars 1958) ; « mais comme il aime ! Comme il est dévasté, bouleversé par la passion. [...] Alceste est une bourrasque ». Face à cet Alceste juvénile et bouillant, Marie Sabouret donnait à Célimène la fraîcheur joyeuse d'une jeune femme de vingt ans, ravie de plaire et d'exercer son pouvoir de séduction.

Le temps des ruptures

À l'initiative d'une nouvelle génération de metteurs en scène, une mise en question plus radicale de la tradition conduisit, à partir des années soixante, à soumettre la représentation des classiques à un travail théâtral original visant à faire de chaque spectacle une aventure neuve. Nombreuses et souvent remarquables, sinon toujours convaincantes, les métamorphoses du *Misanthrope* au cours des trois dernières décennies sont un bon témoin de la vitalité d'une comédie qui a gardé un intense pouvoir d'appel et d'interrogation.

En 1966, pour le tricentenaire de la création de la pièce, Maurice Sarrazin et la troupe du Grenier de Toulouse présentaient un *Misanthrope* transposé dans un décor 1900, dont l'élégance désuète rendait lointaine et proche tout à la fois une société fin de siècle qui, sous le regard mélancolique d'Alceste, laissait entrevoir son inéluctable décadence : dans la maison de Célimène flottait comme un parfum de Tchekhov.

C'est par un décor d'un extrême dépouillement et des costumes stylisés que Marcel Bluwal s'est attaché pour sa part, en 1969, à régler le problème de la distance historique en situant *Le Misanthrope* hors du temps. Créé à la Maison de la Culture d'Arras, puis présenté à Paris, en octobre, au Théâtre de la Ville, ce spectacle rigoureux et sobre, servi par des interprètes de talent (Michel Piccoli jouait Alceste, Danièle Lebrun Célimène, Marcel Cuvelier Philinte), arrachait la comédie à un cadre temporel et matériel caractérisé pour mieux inscrire le jeu dramatique, selon la vigoureuse formule de Bertrand Poirot-Delpech, dans « le *no man's land* de la maladie mentale », fixant l'attention sur « [le] drame sans âge de l'inadaptation et de l'immaturité affectives, de l'incapacité de choisir qui est le propre de la névrose » (*Le Monde*, 5-6 octobre 1969).

Un tout autre *Misanthrope*, quelques années plus tard, s'imposa par son insolente liberté ; sous un chapiteau, dans la banlieue parisienne, de jeunes comédiens de la Comédie-Française conduits par Jean-Luc Boutté (Alceste) et Catherine Hiégel (Célimène) entreprirent, en 1975, de bousculer la tradition en jouant *Le Misanthrope* sur le mode de l'excès, mais en révélant par le biais de ce jeu durci l'envers d'une société dont les habits et le langage masquent mal la brutalité et la morgue.

Si, l'année suivante, le *Misanthrope* monté par Jean-Pierre Dougnac au Théâtre Daniel-Sorano de Vincennes attira l'attention de la critique, ce spectacle déroutant souleva bien des réserves. Que penser en effet d'une mise en scène qui, substituant au salon de Célimène un asile de fous, prenait prétexte de la comédie de Molière, sans que l'on sache très bien pourquoi, pour illustrer le monde de la démence au Grand Siècle ? En dénonçant les errements d'une mise en scène livrée au narcissisme, Guy Dumur (*Le Nouvel Observateur*, 17 mai 1976) signalait un danger contre lequel Jacques Copeau, un demi-siècle plus tôt, avait lancé une mise en garde, rappelant combien « il serait absurde d'avoir cru délivrer le théâtre du cabotinage de l'acteur pour l'abandonner à celui, plus exécrable encore, du metteur en scène » (*Registre II*, p. 60).

On ne saurait reprocher à Pierre Dux des initiatives aussi périlleuses. Trente ans après sa première mise en scène du *Misanthrope*, c'est d'une manière on ne peut plus classique qu'il entreprit de présenter la pièce sur la scène de la Comédie-Française en 1977. Mise en scène soignée mais sans surprise, qui tirait la comédie vers le drame. En composant un Alceste douloureux, inquiet, impulsif, assoiffé d'absolu, Georges Descrières inscrivait le personnage dans une tradition que le spectacle avait choisi de servir, sans prétendre la renouveler.

La même année, avec la troupe du Théâtre National de Strasbourg, Jean-Pierre Vincent conçut un *Misanthrope* d'une plus forte originalité, dont le succès fut confirmé, à l'automne 1978, au Théâtre des Amandiers de Nanterre. Au risque de glacer le spectacle dans un parti pris d'extrême rigueur, le metteur en scène, dans un décor épuré de Jean-Paul Chambas (des tableaux sur un mur, vaste fond vitré et blafard, sol de marbre clair, lisse comme un miroir), avait opté pour un jeu dépouillé, lent et dominé, en vue de suggérer, par l'économie des effets, le vide où les personnages menacent constamment de se perdre.

En juillet 1978, Antoine Vitez donnait une magistrale leçon de théâtre en présentant au cloître des Carmes d'Avignon quatre grandes comédies de Molière : *L'École des femmes*, *Le Tartuffe*, *Dom Juan* et *Le Misanthrope*. Jouées en quatre soirées successives par douze jeunes comédiens, dans un décor unique et nu et avec les mêmes accessoires, ces quatre spectacles étaient mieux qu'un exercice d'école et furent salués comme un événement à Avignon, puis lors de deux reprises à Paris, au Théâtre de l'Athénée en 1978 et à la Porte Saint-Martin l'année suivante. Ils offraient une démonstration brillante de la fécondité d'un travail théâtral associant le respect scrupuleux du texte à un jeu audacieusement décalé, moins soucieux d'éclairer Molière que d'afficher la puissance de renouvellement d'une interprétation capable, par le seul pouvoir du geste, de faire sens.

Le Misanthrope *toujours revisité*

Après la période des ruptures salubres avec la tradition est venu le temps des réalisations moins provocantes, mais plus soucieuses peut-être de plier la mise en scène et l'interprétation à la traduction d'une vision cohérente révélant les tensions et les suggestions du texte.

Dans *Le Misanthrope* monté par André Steiger à la Comédie de Genève en 1981, Bruno Villien a été sensible à la consonance suggestive du décor et du jeu ; « Dans une superbe galerie des glaces imaginée par Claude Lemaire, l'Alceste de Jacques Denis est un enfant rageur. Il s'oppose à Claude Mathieu, Célimène tout en blondeur, fraîche et spontanée. Sous son tricorne emplumé, Corinne Coderey est une Arsinoé provocante et altière, un Tartuffe au féminin. Dans la mise en scène inventive d'André Steiger, les héros de Molière apparaissent pris au piège de leur propre reflet » (*Le Nouvel Observateur*, 2 février 1981).

Le public du Théâtre du Marais, en 1982, applaudit le *Misanthrope* monté par Jacques Mauclair, dont le jeu donnait un plein relief au personnage d'Alceste : héros au masque vieillissant, figure centrale d'un spectacle d'une efficace sobriété qui s'ouvrait par un impromptu malicieux, *Le Misanthrope chez Molière*, dans lequel Jacques Mauclair, sous le masque de Molière, livrait quelques réflexions toniques sur le théâtre et ses exégètes. Quant à la nouvelle mise en scène présentée par Jean-Pierre Vincent à la Comédie-Française en 1984, si elle fut jugée moins audacieuse que celle qui avait fait événement en 1977-1978, elle permit de mettre en valeur les contradictions d'un Alceste violent, pitoyable et drôle (Michel Aumont), le charme énigmatique de Célimène (Ludmila Mikaël) et l'élégante ironie de Philinte (Simon Eine).

L'année suivante (avril-mai 1985), un nouveau *Misanthrope* était monté à la Maison de la Culture de Bobigny, dans un décor inattendu et somptueux de Nicky Rieti, lequel avait imaginé de rapprocher l'hôtel de Célimène d'un haras où s'inscrivait symboliquement, dans l'espace clos du manège, la trace d'une énergie aristocratique circonscrite par les échos de la chasse royale. Le spectacle mis en scène par André Engel était dominé par la haute figure d'un Alceste secret, auquel Gérard Desarthe prêtait, par une étrange et fascinante retenue, une tension tout intériorisée.

En reprenant *Le Misanthrope* sur la scène du Théâtre National de Chaillot en 1988, Antoine Vitez s'est attaché à traduire l'essentielle gravité d'une comédie enracinée dans une expérience douloureuse de la vie. Cette profondeur sombre trouvait sa traduction scénographique dans le décor en perspective de Yannis Kokkos : long couloir noir d'où surgissaient des personnages arrachés au temps, tels des ombres vivantes vouées au jeu cruel de l'incompréhension, du désir et du simulacre. Entre tragédie et comédie, cette version que Guy Dumur qualifiait de « racinienne » (*Le Nouvel Observateur*, 19-25 février 1988) donnait aux personnages de Molière une existence renouvelée : un Alceste d'âge mûr (Patrice Kerbrat), dont l'habit noir s'éclairait à peine d'un collet de dentelle et de quelques rubans verts ; une jeune veuve (Dominique Blanc) splendidement habillée de rouge, à laquelle Antoine Vitez avait souhaité rendre une pleine dignité ; une Arsinoé inquiétante (Laurence Roy) transformée en figure fatale.

Simon Eine, qui avait été en 1984 un séduisant Philinte, a

donné du *Misanthrope* à la Comédie-Française, en 1989, une mise en scène dont la sobriété, soulignée par des costumes d'époque incertaine, tendait à concentrer l'attention sur les modulations du texte. Une interprétation nuancée donnait un caractère d'authenticité aux élans douloureux d'Alceste (Simon Eine), prêtait à Célimène (Catherine Sauval) un charme un peu distant et révélait des accents de sensibilité moins attendus chez Arsinoé (Martine Chevallier).

En choisissant de monter *Le Misanthrope* pour inaugurer le Théâtre de Nice à la fin de 1989 (spectacle repris au Théâtre de la Porte Saint-Martin en 1990), Jacques Weber a voulu insuffler à la représentation de la plus classique de nos comédies une énergie nouvelle, au risque de tirer la pièce vers le mélodrame en accentuant l'effet spectaculaire (quatre changements de décor) et en prêtant au personnage d'Alceste, enveloppé d'un long manteau d'aventurier, une passion violente et sombre, empreinte d'un romantisme résolument éloigné des convenances du Grand Siècle. Face à « cette force de la nature lâchée dans le monde des faux-fuyants » (Guy Dumur, *Le Nouvel Observateur*, 28 décembre 1989), Emmanuelle Béart prêtait à Célimène sa jeunesse et sa grâce.

C'est encore *Le Misanthrope* que Niels Arestrup choisit de présenter le 15 février 1990 pour inaugurer sa direction du Théâtre de la Renaissance. La mise en scène de Pierre Pradinas situait la pièce dans un cadre neutre, dégagé de références historiques précises ; réduit à des rideaux noirs, une table, des chaises, le décor s'effaçait au profit d'un jeu au rythme soutenu, qui donnait à Alceste (Niels Arestrup) un caractère étrange et violent et révélait en Célimène (Mariane Basler), par-delà les jeux de la séduction, une sensibilité troublée.

En 1991, sur la scène du Théâtre de l'Athénée, de jeunes comédiens vêtus à la moderne, pantalons larges et chemises bouffantes, étaient supposés répéter *Le Misanthrope* pour leur metteur en scène, Christian Rist, qui jouait le rôle de Philinte. En donnant à voir la répétition, à entendre la musique des vers, Christian Rist invitait à oublier les fastes du spectacle pour saisir le moment où le texte devient jeu ; un *Misanthrope* naissait alors sous le regard du public, dans la fraîcheur lumineuse de l'invention théâtrale, éclosion fragile d'une interprétation à laquelle Philippe Muller (Alceste), Irène Jacob (Célimène), Serge Le Lay (Oronte) et leurs camarades apportaient un air de jeunesse et de spontanéité.

Dans un titre résolument provocant, « La brute et le fantôme », Michel Cournot résumait, dans *Le Monde* du 26 février 1992, les deux aspects saillants du *Misanthrope* mis en scène par Francis Huster au Théâtre Marigny : la « brute » désignait l'Alceste interprété par Francis Huster, qui poussait la violence jusqu'à porter la main sur Oronte et bousculer sans ménagement Célimène ; le « fantôme » renvoyait au visage déroutant que Robert Hirsch donnait à Oronte. Avec sa grande perruque, son visage grimé de blanc, son costume de soierie rouge, ce personnage clownesque atteignait, dans son étrange irréalité, une rare puissance comique. Mais ni ce superbe numéro d'acteur, ni le talent déployé par Danièle Lebrun dans le rôle d'Arsinoé et par Robert Manuel dans le rôle secondaire du valet Du Bois, ne pouvait faire oublier le manque d'unité d'un spectacle inégal, trop composite pour enlever l'adhésion.

Il revenait à Jacques Weber de réaliser, avec l'appui de Canal plus, une nouvelle mise en scène du *Misanthrope* conçue pour la télévision et diffusée en direct. Expérience rare, qui donna à la soirée du 2 mai 1994 valeur d'événement. On retiendra de ce spectacle la révélation d'une Célimène de vingt ans, Romane Bohringer, dont la jeunesse et le naturel mettaient en question, autant que les diatribes d'Alceste (Jean-François Balmer), un monde empêtré dans le mensonge.

BIBLIOGRAPHIE SOMMAIRE

ÉDITIONS DE RÉFÉRENCE

MOLIÈRE, *Œuvres complètes*, texte établi, présenté et annoté par Georges Couton, Gallimard, « Bibliothèque de la Pléiade », 1971, 2 vol. (revue en 1976).

MOLIÈRE, *Œuvres complètes*, nouvelle édition de Georges Forestier, avec Claude Bourqui, Gallimard, « Bibliothèque de la Pléiade », 2010, 2 vol.

TEXTES ET DOCUMENTS DU XVIIᵉ SIÈCLE

MONGRÉDIEN (Georges), *Recueil des textes et des documents du XVIIᵉ siècle relatifs à Molière*, C.N.R.S., 1965, 2 vol. (2ᵉ éd. 1973). Supplément dans la revue *XVIIᵉ siècle*, n° 98-99, 1973, p. 123-142, en collaboration avec Jacques Vanuxem.

OUVRAGES GÉNÉRAUX

BOURQUI (Claude), *Les Sources de Molière*, SEDES, coll. « Questions de littérature », 1999.

BRAY (René), *Molière, homme de théâtre*, Mercure de France, 1954.

COLLINET (Jean-Pierre), *Lectures de Molière*, A. Colin, coll. U², 1974.

COPEAU (Jacques), *Registres II : Molière*, Gallimard, coll. « Pratique du théâtre », 1976.

CORVIN (Michel), *Molière et ses metteurs en scène d'aujourd'hui*, P.U.L., 1985.

DANDREY (Patrick), *Molière ou l'esthétique du ridicule*, Klincksieck, 1992.

DEFAUX (Gérard), *Molière ou les métamorphoses du comique : de la comédie morale au triomphe de la folie*, Lexington, French Forum, 1980 (rééd. Klincksieck, 1992).

DESCOTES (Maurice), *Les Grands Rôles du théâtre de Molière*, P.U.F., 1960 ; *Molière et sa fortune littéraire*, Bordeaux, Ducros, coll. « Tels qu'en eux-mêmes », 1970 ; « Nouvelles interprétations moliéresques », *Œuvres et critiques*, VI, 1, 1981, p. 33-55.

DUCHÊNE (Roger), *Molière*, Fayard, 1998.

FORCE (Pierre), *Molière ou le Prix des choses*, Nathan, 1994.

FORESTIER (Georges), *Molière*, Bordas, coll. « En toutes lettres », 1990.

FUMAROLI (Marc), « Classicisme français et maladie de l'âme », *Le Débat*, n° 29, mars 1984, p. 92-114 (étude reprise sous le titre : « La mélancolie et ses remèdes » dans *La Diplomatie de l'esprit*, Hermann, 1994, p. 403-439).

GRIMM (Jürgen), *Molière en son temps*, Biblio 17, P.E.S.C.L., 1993.

GUTWIRTH (Marcel), *Molière ou l'invention comique : la métamorphose des thèmes et la création des types*, Minard, « Lettres modernes », 1966.

JOUVET (Louis), *Molière et la comédie classique*, Gallimard, 1965.

KLIBANSKI (Raymond), PANOFSKY (Erwin) et SAXL (Fritz), *Saturne et la Mélancolie*, Gallimard, 1989 (1re éd. : *Saturn and Melancholy*, Londres et New York, 1964).

MCKENNA (Antony), *Molière dramaturge libertin*, Champion, 2005.

MOREL (Jacques), *Agréables mensonges. Essais sur le théâtre français du XVIIe siècle*, Klincksieck, 1991.

SCHERER (Jacques), *La Dramaturgie classique en France*, Nizet, 1950.

VOLTZ (Pierre), *La Comédie*, A. Colin, coll. U, série « Lettres françaises », 1964.

WEBER (Jacques), *Molière jour après jour*, Ramsay, 1995.

SUR *LE MISANTHROPE*

Le Misanthrope, Introduction et notes par Édouard Lop et André Sauvage, Éditions Sociales, « Les classiques du peuple », 1963.

Le Misanthrope, Préface de Jean-Pierre Vincent, commentaires et notes de Michel Autrand, Librairie Générale Française, « Le Livre de Poche », 1986.

Le Misanthrope au théâtre, recueil d'études présenté par Daniel-Henri Pageaux, Éditions José Feijóo, 1990.

Revue *Comédie-Française*, n° 131-132, septembre-octobre 1984 ; n° 175, mars-avril 1989.

Revue *Littératures classiques*, n° 38, janvier 2000 (numéro spécial sur *Le Misanthrope, George Dandin* et *Le Bourgeois gentilhomme* coordonné par Charles Mazouer).

Abraham (Claude), « *Le Misanthrope* et l'honnêteté », *Le Nouveau Moliériste*, III, 1996-1997, p. 193-198.

Brody (Jules), « *Dom Juan* et *Le Misanthrope*, ou l'esthétique de l'individualisme », *L'Humanité de Molière* (John Cairncross éd.), Nizet, 1988 ; repris dans *Lectures classiques*, Charlottesville, Rookwood Press, 1996, p. 86-117.

Defaux (Gérard), « Alceste et les rieurs », *Revue d'Histoire littéraire de la France*, juillet-août 1974, p. 579-599.

Guicharnaud (Jacques), *Molière, une aventure théâtrale* : « Tartuffe », « Dom Juan », « Le Misanthrope », Gallimard, Bibliothèque des Idées, 1963.

Gutwirth (Marcel), « Visages d'Alceste », *Œuvres et critiques*, VI, 1, 1981, p. 77-89 ; « *Dom Garcie de Navarre* et *Le Misanthrope* : de la comédie héroïque au comique du héros », *P.M.L.A.*, n° 83, 1988, p. 118-129.

Howarth (William D.), « Alceste ou l'honnête homme imaginaire », *Revue d'Histoire du théâtre*, n° 26, 1974, p. 93-102.

Jasinski (René), *Molière et « Le Misanthrope »*, A. Colin, 1951.

MARSH (Rufus K.), « Alceste, *honnête homme* or *faux honnête homme ?* », *Stanford French Review*, Spring 1981, p. 21-34.

MAZOUER (Charles), *Trois comédies de Molière. Étude sur* Le Misanthrope, George Dandin *et* Le Bourgeois gentilhomme, SEDES, 1999.

MESNARD (Jean), « *Le Misanthrope*, mise en question de l'art de plaire », *Revue d'Histoire littéraire de la France*, n° spécial Molière, septembre-décembre 1972, p. 863-889 ; repris dans *Le Misanthrope au théâtre* (Éd. José Feijóo, 1990) et dans J. Mesnard, *La Culture du XVIIe siècle* (P.U.F., 1992, p. 520-545).

PARISH (Richard), « *Le Misanthrope :* des raisonneurs aux rieurs », *French Studies*, XLV, 1, janvier 1991, p. 17-35.

ROJTMAN (Betty), « Alceste dans le théâtre de Molière », *Revue d'Histoire littéraire de la France*, novembre-décembre 1973, p. 963-981.

SWEETSER (Marie-Odile), « Structure et signification du *Misanthrope* », *French Review*, XLIX, 4, 1976, p. 505-513.

—, « Théâtre du monde et monde du théâtre : *Le Misanthrope* », *Le Nouveau Moliériste*, III, 1996-1997, p. 57-71.

VINCENT (Jean-Pierre) et alii, *Alceste et l'absolutisme. Essais de dramaturgie sur « Le Misanthrope »*, Éditions Galilée, 1977.

WHITTON (David), « *Le Misanthrope*, 1975-1995. Vingt ans de mise en scène en France », *Le Nouveau Moliériste*, II, 1995, p. 275-296.

ZUBER (Roger), « Célimène parle clair », in *L'Intelligence du passé, Mélanges offerts à J. Lafond*, Publications de l'Université de Tours, 1988, p. 267-274.

LEXIQUE

AFFAIRE : brouille, querelle, duel — V. 440, 537, 754, 789.

AMANT : soupirant qui a déclaré sa flamme, et qui peut avoir des raisons d'espérer. C'est la situation d'Alceste, d'Oronte, d'Acaste et de Clitandre auprès de Célimène. — Liste des acteurs, v. 459, 461, 509, 703, 712, 729, 858, 865, 1002, 1012, 1024, 1112, 1268, 1405, 1590, 1636.

AMANTE : comme le substantif masculin, *amante* implique un amour déclaré. Dans la liste des acteurs, Célimène est définie comme « amante d'Alceste ». Cette indication confirme l'aveu que Célimène, à deux reprises, fait à Alceste de ses sentiments (II, 1 et IV, 3).

AMITIÉ : se dit parfois pour *amour*. — V. 238.

AMUSEMENT : « Occupation qui sert à passer le temps. La poésie est un agréable *amusement* [...] » (F.). — V. 348.
Retard, perte de temps. — V. 1440, 1642.

AMUSER : abuser par de vaines promesses, « repaître les gens de vaines espérances » (F.). — V. 218.

APPLAUDIR : accueillir favorablement, approuver. — V. 1305.

BEL ESPRIT : esprit vif, délicat, ingénieux, brillant. Celui qui, dans ses discours ou ses ouvrages, manifeste ces qualités. — V. 342, 640 ; V, 4, lettre de Célimène.

BÉNÉFICE : titre ou dignité ecclésiastique accompagné d'un revenu (évêché, abbaye, cure, chanoinie, prieuré). — V, 621.

BIZARRE : extravagant, singulier, extraordinaire. Voir *Bourru*. — V. 1137.

BIZARRERIE : extravagance. — V. 2.

BONTÉ(s) : bienveillance, affection, tendresse. — V. 1190, 1204, 1210, 1412.

BOURRU (adj.) : fantasque, extravagant. Voir *Bizarre*. — V, 4, lettre de Célimène.

CABINET : l'interprétation du mot *cabinet* a suscité, depuis le siècle dernier, de longs — et souvent vains — débats. Nul ne contestera que la rude franchise d'Alceste exclut l'indécence. Dire que le sonnet d'Oronte « est bon à mettre au cabinet », c'est juger que cette pièce médiocre ne doit pas sortir du meuble à tiroirs appelé *cabinet*, où l'on enferme lettres et papiers personnels. Tel est notamment le sort réservé à une pièce de théâtre refusée par les comédiens : elle « entre au cabinet », comme le dit Dorimène dans *Le Procès de la Femme juge et partie* de Montfleury (1669) ; elle n'est « bonne que pour le cabinet, comme le sonnet qui cause un procès au Misanthrope », écrit Chappuzeau dans son *Théâtre français* (1674). Mais que l'auteur comique, sous le couvert de cette formule décente, ait glissé une plaisanterie plus libre est pour le moins vraisemblable. Furetière en a jugé ainsi. *Cabinet*, écrit-il, « se prend quelquefois pour une garde-robe, ou le lieu secret où on va aux nécessités de nature. Ainsi Molière a dit dans *Le Misanthrope* en parlant d'un méchant sonnet : "Franchement, il n'est bon qu'à mettre au cabinet" ». En vain a-t-on prétendu que le *Dictionnaire* de Furetière offrait, en 1690, la première mention de cet emploi du mot cabinet. On relève dans la *Satire II* de Mathurin Régnier (1608) un exemple probant montrant que les mauvais vers étaient jugés dignes de la chaise percée (v. 207-208) et connaissaient le même sort que les placets inutiles qui, selon l'auteur du *Roman bourgeois* (1666), se retrouvent à la garde-robe. N'en déplaise à certains défenseurs trop zélés, Molière, en renvoyant le sonnet d'Oronte au « cabinet », n'a pas estimé que le sel de l'équivoque fût indigne de la haute comédie. — V. 376.

CARESSER : traiter avec amabilité. — V. 49.

CARESSES : démonstrations d'amitié. — V. 17.

CÉRÉMONIE : « Se dit aussi des déférences qu'on se fait les uns aux autres par civilité et honnêteté » (F.). — V. 1033.

CHAGRIN (subst.) : au sing., désagrément, aigreur, irritation, courroux. — V. 6, 685, 687, 1094, 1584 ; V, 4, lettre de Célimène.

Au plur., mouvements d'irritation, accès de colère ou de dépit. — V. 6, 993, 1186, 1521.

CHAGRIN (adj.) : mécontent, de mauvaise humeur. — V. 782.

CŒUR : courage. — V. 787, 1147.

COMMERCE : échange de relations, fréquentation. — V. 68, 597, 1486.

COMPLAISANCE : désir de plaire, de se rendre agréable à autrui. « La complaisance est d'ordinaire accompagnée de flatterie » (F.). — V. 61, 123, 473, 498, 758.

CONSTAMMENT : avec constance, fidélité, fermeté. — V. 810.

CONSTANCE : fermeté d'âme. — V. 493, 1218.

COQUETTE (subst. et adj.) : « Dame qui tâche de gagner l'amour des hommes. [...] Les *coquettes* tâchent d'engager les hommes et ne veulent point s'engager » (F.). — V. 219.

DÉFAITE : excuse, échappatoire. — V. 1009.

DÉSERT : lieu retiré et peu fréquenté. Gentilhommière située dans une campagne éloignée de la capitale. — V. 144, 1763, 1770.

DIANTRE : « Terme populaire dont se servent ceux qui font scrupule de nommer le diable » (F.). — V. 364.

EMBRASSADE, EMBRASSEMENT : action de prendre dans ses bras. — V. 20, 45, 1161.

EMBRASSER : serrer dans ses bras. — V. 37, 273.

ÉMOUVOIR : troubler, agiter. — V. 1218.

Irriter. — V. 1710.

EMPLOI : fonction, charge, poste de responsabilité. — V. 621, 786.

ENCHANTER : charmer, envoûter (sens fort). — V. 1320.

ENDROITS : circonstances. Voir *Rencontre*. — V. 73.

E<small>NNUI</small> : chagrin violent, déplaisir douloureux, tourment. — V. 239, 316, 1248, 1567.

E<small>NTENDRE</small> : écouter, prêter une oreille attentive. « On le dit [...] de celui qui veut bien prendre la patience d'écouter. Ce juge est sévère, mais du moins il *entend* les parties » (F.). — V. 4, 5, 444.

E<small>NTÊTER</small> : tourner la tête, obséder. — V. 599.

E<small>SSUYER</small> : subir. — V. 556, 576, 808, 1098.

F<small>AQUIN</small> : homme vil et méprisable (de l'italien *facchino*, portefaix). — V. 52.

F<small>AT</small> (subst.) : « Sot, sans esprit, qui ne dit que des fadaises » (F.). — V. 48.

F<small>ERS</small> : chaînes amoureuses, liens du cœur qui attachent un amant à sa maîtresse. — V. 1784, 1790.

F<small>EUX</small> : sentiments amoureux. Voir *Flamme, Fers*. — V. 249, 1199, 1403, 1591, 1771.

F<small>LAMME</small> : métaphore usuelle de l'amour dans la langue galante. Voir *Feux, Fers*. — V. 233, 306, 1110, 1290, 1305, 1354, 1609, 1707, 1771.

F<small>LEURETTE</small> : compliment galant. Le mot est alors dans sa nouveauté. — V. 509.

F<small>OI</small> : fidélité. — V. 50, 1355, 1418.

F<small>RANC</small> : placé devant un nom, *franc* est un terme de renforcement : pur, vrai, achevé. — V. 124, 854, 1098, 1532.

G<small>ALANT</small> (adj.) : agréable, élégant, de bon goût. — V. 325.

G<small>ALANT HOMME</small> : homme de bonne compagnie, riche de qualités aimables. — V. 345, 1114, 1146.

G<small>ALANTERIE</small> : goût des intrigues amoureuses, des conquêtes galantes. — V. 890, 977.

G<small>ÊNE</small> : torture. — V. 1629.

G<small>LOIRE</small> : orgueil, présomption, vanité. — V. 1017, 1516. Honneur, réputation. — V. 1142.

G<small>RIMACE</small> : feinte, hypocrisie. — V. 137, 854, 1497.

H<small>ABILE</small> : « Qui a de l'esprit, de l'adresse, de la science, de la capacité » (F.). — V. 637.

HEUR : bonheur, avantage. — V. 476.

HONNÊTE HOMME : homme du monde qui se recommande par sa politesse, son élégance de bon ton, mais aussi par son jugement et son mérite. « L'honnête homme tient le milieu entre l'habile homme et l'homme de bien [...] » (La Bruyère, *Les Caractères*, « Des jugements », 55). — V. 48, 140, 370, 633, 1144, 1507.

HONNÊTES GENS : voir *Honnête homme*. — V. 360, 624.

IMPERTINENCE : absurdité, extravagance, déraison, sottise. — V. 181.

IMPERTINENT : sot, déraisonnable. — V. 690, 872.

INCARTADE : « Insulte ou affront qu'on fait à quelqu'un en public et par bravade » (F.). — V. 102.

INJURE : dommage, tort (lat. *injuria*). Voir *Offense*. — V. 1263.

MALICE : méchanceté, inclination à faire le mal, à nuire. — V. 1536.

MÉCHANT : « Mauvais, qui est dépourvu de bonnes qualités, qui ne mérite aucune estime » (F.). — V. 356, 389, 429, 629, 764, 901, 1148.

MORBLEU : forme atténuée de « par la mort de Dieu ». Voir *Par la sangbleu, Têtebleu*. — V. 25, 60, 109, 180, 326, 337, 514, 659, 687, 771, 1234, 1517.

NOURRIR : élever. — V. 99.

OFFENSE : tort, outrage. Voir *Injure*. — V. 1217, 1269.

OFFENSÉ : choqué. — V. 175.

OFFENSER : incommoder, contrarier. — V. 494, 499.

PARBLEU : forme atténuée de « par Dieu ». — V. 237, 285, 445, 567, 575, 781, 807, 845.

PAR LA SANGBLEU : forme atténuée de « par le sang de Dieu » (on dit aussi : *par le sangbleu, palsambleu*). — V. 773.

PARTIE : partie adverse dans un procès. — V. 183, 193, 1487, 1527.

PHILOSOPHE (adj.) : empreint de sagesse, fondé en raison, justifié par une philosophie. — V. 97, 166.

POLITIQUE (subst.) : conduite réfléchie, calcul. — V. 979.

PROFESSION *(faire profession)* : déclarer publiquement. — V. 9.

PROTESTATIONS : « Se dit dans le discours ordinaire des offres de service, d'amitié, qu'on affirme et réitère puissamment et avec serment » (F.). — V. 19, 44.

PRUDE (adj. et subst.) : « Qui est sage et modeste » (F.). Le mot est communément pris dans un sens favorable et désigne une conduite d'une exacte vertu. — V. 216, 853, 861, 984.

PRUDENCE : sagesse. — V. 1138.

PRUDERIE : vertu sévère. « On le dit quelquefois ironiquement quand une femme est prude avec trop d'affectation » (F.). — V. 925, 978.

QUALITÉ : condition d'une personne de noblesse ancienne et illustre. — V. 259, 599, 1147.

RASSEOIR : calmer (les humeurs), remettre dans son assiette, tranquilliser, apaiser. — V. 497.

REBUTS : rebuffades. — V. 834, 1095.

RENCONTRE : occasion, circonstance. — V. 69.

RIEN : quelque chose (lat. *rem*). — V. 303, 1053.

SANS DOUTE : sans aucun doute. — V. 84, 233, 1416.

SOCIÉTÉ : liaison amicale. — V. 442.

STUPIDE : « Qui n'a point d'esprit, dont l'âme paraît immobile et sans sentiment » (F.). Engourdi, frappé de stupeur. — V. 609.

SUCCÈS : issue (heureuse ou malheureuse), résultat. — V. 195, 1491.

TÉMOIN(S) : témoignage(s), preuve(s). — V. 1288, 1326, 1336, 1635, 1679.

TÊTEBLEU : forme atténuée de « par la tête de Dieu ». Voir *Morbleu, Par la sangbleu.* — V. 141.

TRAIT(S) : mauvais procédé(s). — V. 1251, 1676, 1709, 1758. Trouvaille ingénieuse. — V. 1347.

TRAITS : écriture. — V. 1324, 1687.

TRISTE : sombre, sévère, austère. — V. 859.

VÉRITABLE : sincère. — V. 253.

Vœux : inclination, désirs amoureux, soupirs. — V. 217, 466, 831, 839, 997, 1188, 1200, 1208, 1255, 1297, 1303, 1619, 1628, 1777.

RÉSUMÉ

ACTE I
« Je veux qu'on soit sincère... » (v. 35).

Reprochant à son ami Philinte ses civilités de complaisance, Alceste condamne les faux-semblants de la politesse, rejette toutes les formes du mensonge mondain, et dénonce plus particulièrement les menées hypocrites du traître qui le poursuit en justice. Mais il ne peut s'empêcher d'aimer une jeune veuve à l'humeur coquette, Célimène, dont il espère corriger les inclinations (sc. 1). Arrive un soupirant de Célimène, Oronte, qui multiplie les témoignages d'amabilité en direction d'Alceste avant de lui soumettre un sonnet galant de sa composition. En critiquant sans ménagement le sonnet d'Oronte. Alceste rompt le pacte de la civilité et se fait d'un rival un ennemi (sc. 2), sans vouloir entendre les paroles d'apaisement de Philinte (sc. 3).

ACTE II
« Vous avez des plaisirs que je ne puis souffrir » (v. 692).

Alceste reproche à Célimène d'accueillir trop complaisamment les soins de ses soupirants, notamment ceux du blondin

Clitandre. Alors qu'il presse la jeune veuve de se prononcer
(sc. 1), leur tête-à-tête est interrompu par l'annonce de la visite
des deux marquis, Acaste (sc. 2) et Clitandre (sc. 3), qui accompagnent Éliante, cousine de Célimène, et Philinte. Reine
de la conversation, Célimène déploie sa verve satirique dans
une brillante série de portraits dont la fine médisance ravit les
marquis et suscite la réprobation indignée d'Alceste (sc. 4).
Survient un garde, qui signifie à Alceste d'avoir à comparaître
sans délai devant le tribunal des maréchaux pour accommoder
son différend avec Oronte (sc. 5, 6).

ACTE III
« Ce grand aveuglement où chacun est pour soi » (v. 968).

Acaste et Clitandre conviennent de renoncer à leur rivalité
dès que l'un d'eux pourra produire une preuve assurée de
l'amour de Célimène (sc. 1). Arrive Arsinoé la prude (sc. 2,
3) : sous le masque de l'amitié, elle se fait un pieux devoir de
rapporter à la jeune coquette les critiques que suscite, chez les
gens de vertu, sa conduite galante, et Célimène lui rend la
monnaie de sa pièce en livrant à Arsinoé, dans une riposte ironiquement symétrique, la censure de son zèle hypocrite (sc. 4).
Laissée en compagnie d'Alceste, Arsinoé lui fait de tendres
avances et s'offre à lui révéler la preuve de l'infidélité de Célimène (sc. 5).

ACTE IV
« Allez, vous êtes fou dans vos transports jaloux » (v. 1391).

Philinte relate à Éliante le difficile accommodement entre
Alceste et Oronte. Sensible à la noblesse d'âme du personnage,
Éliante avoue son penchant pour Alceste, et Philinte, respec-
tueux des sentiments de la jeune fille, lui déclare malgré tout

son amour (sc. 1). Surgit Alceste, à qui Arsinoé a remis une lettre de Célimène à Oronte. Persuadé d'avoir été trahi et en proie au plus profond désordre, Alceste, pour se venger, offre à Éliante de l'épouser (sc. 2) ; mais il retombe vite sous le charme de Célimène, qui taxe sa jalousie d'extravagance et réitère l'aveu de sa tendresse (sc. 3). L'entretien est interrompu par l'arrivée du valet d'Alceste, Du Bois, en habit de voyage, qui presse son maître de fuir devant la menace d'arrestation que fait peser l'issue de son procès (sc. 4).

ACTE V
« La solitude effraye une âme de vingt ans » (v. 1774).

Malgré les conseils de Philinte, Alceste, après la perte de son procès, a décidé de fuir « le commerce des hommes » et veut proposer à Célimène de partager sa retraite (sc. 1). Sommée de choisir ouvertement entre Oronte et Alceste, celle-ci se dérobe (sc. 2, 3). Mais Acaste et Clitandre, suivis d'Arsinoé, font irruption dans le salon. Les marquis lisent deux billets galants qui révèlent que Célimène se jouait de ses soupirants, entretenant chacun dans l'illusion d'être distingué et se moquant de tous, sans même épargner Alceste. Ce dernier, après le départ de ses rivaux et d'Arsinoé, tente d'obtenir de Célimène qu'elle le suive dans son « désert » ; mais la jeune veuve, si elle consent au mariage, refuse de renoncer au monde. Elle se retire et Alceste sort à son tour, alors que Philinte, qu'Éliante a accepté d'épouser, veut tenter un dernier effort pour dissuader Alceste de rompre avec la société (scène dernière).

DU MÊME AUTEUR

LE MÉDECIN MALGRÉ LUI. Édition présentée et établie par Georges Couton.

LE MISANTHROPE. Édition présentée et établie par Jacques Chupeau.

LE TARTUFFE. Édition présentée et établie par Jean Serroy.

Dans la collection Folio théâtre

L'AVARE. Édition présentée et établie par Jacques Chupeau.

LE BOURGEOIS GENTILHOMME. Édition présentée et établie par Jean Serroy.

LES PRÉCIEUSES RIDICULES. Édition présentée et établie par Jacques Chupeau.

L'ÉTOURDI. Édition présentée et établie par Patrick Dandrey.

SGANARELLE. Édition présentée et établie par Patrick Dandrey.

LES FÂCHEUX. Édition présentée et établie par Jean Serroy.

GEORGE DANDIN suivi de LA JALOUSIE DU BAR-BOUILLÉ. Édition présentée et établie par Patrick Dandrey.

LE MÉDECIN VOLANT. LE MARIAGE FORCÉ. Édition présentée et établie par Bernard Beugnot.

Impression Novoprint
à Barcelone, le 18 janvier 2018
Dépôt légal : janvier 2018
1ᵉʳ dépôt légal dans la collection : décembre 2012

ISBN 978-2-07-044993-4./Imprimé en Espagne.